關係密碼
打造依附關係的八把金鑰

8 Keys to Building Your Best Relationships

Daniel A. Hughes　著

黃素娟、張碧琴　譯

8 Keys to Building Your Best Relationships

Daniel A. Hughes

8 Keys to Building Your Best Relationships

Copyright © 2013 by Daniel A. Hughes

Complex Chinese translation copyright © 2018 by Psychological Publishing Co., Ltd.

Published by arrangement with W. W. Norton & Company, Inc.

Through Bardon-Chinese Media Agency

博達著作權代理有限公司

謹以此書獻給 Dan Siegel 及其

第七感研究中心（Mindsight Institute）的同事，

感謝他們為促進健康關係

所付出的創意與各項努力。

目次
CONTENTS

作者簡介　iii

譯者簡介　iv

致謝　vi

前言　viii

作者序　xi

譯者序　xiii

金鑰 **1** —— 依附關係的重要性　001

金鑰 **2** —— 認識你的自傳並願意重新改寫　021

金鑰 **3** —— 了解你的大腦和神經生理　043

金鑰 **4** —— 建立你的反思能力　069

金鑰 **5** —— 發展你的情緒效能　085

金鑰 **6** —— 精進溝通效能　109

金鑰 **7** —— 修補與修復　129

金鑰 **8** —— 平衡自主與親密　143

作者簡介

　　Daniel A. Hughes 博士是著名的依附關係專家與私人執業治療師。
身為親子關係發展心理治療所（Dyadic Developmental Psychotherapy
Institute）創辦人，他經常在美國與世界各國進行依附與家族治療等相關
議題的諮詢與訓練課程。他的著作含括依附為焦點的家族治療、依附為焦
點的家族治療工作手冊、依附為焦點的親職教養等。

譯者簡介

黃素娟

學歷：美國北德大學教育碩士

現任：懷仁全人發展中心兒童及親子督導

兒童機構兼任督導

荷光性諮商專業訓練中心親職專業訓練及督導

專長：兒童及親子輔導、兒童遊戲治療、親子依附關係治療模式專業
訓練及督導、親職專業訓練及督導、父母親及主要照顧者親職
工作坊

張碧琴

學歷：臺灣師範大學教育心理與輔導學系博士

臺灣大學社會學研究所應用社會學組碩士

現任：桐心理治療所兼任諮商心理師

財團法人勵馨基金會中區辦事處專業諮詢委員

暨南國際大學師資培育中心、社會政策與社會工作學系兼任助

理教授

專長：親子依附關係治療、親職教育與家長成長團體、創傷治療、助

人專業督導

致謝

ACKNOWLEDGEMENTS

　　我很幸運，在過去這麼多年，我跟很多對我很特別的人有著許多美好的關係。我必須從我的父母 Marie Collier 和 William Hughes 說起，他們讓我認知到我值得被愛，而且他們會永遠愛我。在我身旁還有我的祖母 Mary Meehan，她和我們住在一起，總是在我想要她陪伴的時候，她都有時間陪我。還包括了我六個兄弟姊妹，跟他們在一起，我學到歡笑和生氣，分享和獨佔，給予和接受。到今天我還是持續跟他們學習。17 歲時，我的人生導師 Edward Murray 牧師，從青少年期到成年期引領著我的人生，生命中若沒有他的出現，我不可能會完成這本書。

　　我不能只提到一個朋友而不提及很多其他好友。我們有許多喜怒哀樂的時光：一起完成任務、玩樂和冒險、懷念過去、享受目前，以及計畫未來的時刻。最後，我還想到我的孩子和孫子。我從他們身上所得豐富，如同我曾給予他們的，就像任何一位父親和祖父一樣。

　　在我人生中所獲得的成就不屬於我，它們只是反映了我從很多特殊人物那裡接收到的成果而已。如果多年來沒有從 Daniel Siegel 和「第七感研究中心」那裡得到啟發，我是不會寫出這本書的。Dan 和他的同事廣泛使用腦部的運作研究，證明了我們大腦的功能多少是取決於擁有健康的人際

關係，事實證明，大腦是為了維持人際關係而設定的。第七感研究中心致力於傳播人際關係與大腦之間的關係的說法，並且用以促進個人、團體、社區和國家間的人際發展。

　　最後要感謝的是 Andrea Costella Dawson，她負責我所有在 Norton 出版的書，是位最有創意和耐心的編輯；也要感謝 Norton 出版公司其他優秀的專業人員，以及 Babette Rothschild。

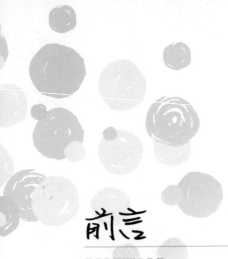

前言
FOREWORD

　　人類是社會的動物。關係如絲，羅織入裡，既包圍又貫穿於我們的每一面，密密纏繞於我們所言所行。它是我們生存之所需，因此人類總圍抱成團，形成部落、同儕團體、社群與國家。我們依附於其他人類、動物，甚至是填充動物。多數人的生活裡需要靠近別人，與他人形成關係。即使我們獨處時，也會找些什麼來產生連結。

　　湯姆‧漢克斯（Tom Hanks）2000 年的電影《浩劫重生》（Cast Away）描繪的就是一個鮮明的例子。湯姆‧漢克斯扮演的主角在飛機失事後獨自一人困在孤島上，連要找一隻猴子或老鼠來養或寄託都難。無可奈何之下，他最終把和自己一起漂流到沙灘上的排球當做依附對象，他在球面上畫個人臉，並命名為 Wilson。在一幕特別絕望而動人的場景中，漢克斯飾演的角色划著木筏逃離孤島時失去 Wilson，他為了救回它幾至滅頂，當下他絕望哭喊，正反映出與球之間的關係對他有多重要。

　　總而言之，我們需要他人。我們從本能與常識裡早早知道這件事，而今大腦神經科學確認了關係這項人類（首要）需求的重要性。1990 年代中期發現的鏡像神經元至今仍宣告我們小看了依附關係。鏡像神經元形塑同理與洞察力，使我們得以連結他人，辨識其行動並感受其情緒。此外，

對自閉症與亞斯伯格症候群等缺乏社交技巧與建立關係能力的疾患之相關研究顯示，他們的鏡像神經元無法正常運作。如果你一人獨居——將自己活成一座孤島——鏡像神經元系統將英雄無用武之地。它的存在正是大腦神經提出的鐵證，證明了人都需要關係。

八把金鑰心理衛生叢書系列的主要目的，是針對各項心理議題提供親民的資訊與實用可行的工具，以改善人類處境。既然關係對人類如此重要，此類主題書自然為本叢書首選，Dan Hughes 更是我心目中的不二人選。他身為倫敦一所保護受虐待與疏忽兒童機構「家庭展望」（Family Futures）的訓練講師，剛巧我也定期至該機構擔任講師。數年來我一直聽到學員提起 Dan，尤其他們如何運用他的理論與技術來協助兒童與家庭，他們對於其工作的實用性與 Dan 這個人總是讚譽有加。令人驚喜的巧合是，我發現他早已是 W. W. Norton 出版社的優秀作者，屢獲佳評。瞧！作者、出版社與叢書豈不是宛若天作之合！

二十多年來，Dan 專精於協助兒童、伴侶與家庭建立並維繫安全關係。身為依附關係治療師、相關作品著作等身的作者，本質上，可說他就是一位關係的專家。

　　《關係密碼：打造依附關係的八把金鑰》依據依附關係理論的典範，從助人專業的觀點來看，依附關係是我們能否與他人連結的背後驅力，在精煉為八項關鍵原則之後，經典變得淺顯易懂、容易運用。本書結合臨床智慧與發人深省的理論，轉化為簡單實用、具啟發性的故事，以及建設性的練習。展讀每一頁時，讀者將可隨著引導更了解自己及其親近之人。透過這樣的了解並運用此八把金鑰，將有助於你建立令人滿意和長久的關係。

叢書主編

Babette Rothschild

作者序

INTRODUCTION

　　你是誰？這樣一個重要的問題，是好幾世紀以來，詩人、哲學家、君臣和政治家都在問的問題。有時候也是你和你的伴侶最可能提出的問題。為什麼這問題會成為這本書（一本有關人際關係的書）之起點？人際關係的書不是應該把焦點放在人際關係建立的技巧上嗎？不是應該把「何謂人際關係」作為本書的開始嗎？

　　當你問：「我是誰？」在某程度上，你是在問你要找尋的是怎樣的人際關係以及滿意於怎樣的關係。知道你是誰，可以了解如何處理和維持你與他人的關係。新的人際關係，假使它們對你是重要的，將會受到你過去是誰的影響，相應地也會影響你將來成為誰。

　　有關人際關係的特徵、發展和穩定性最重要的理論之一，就是專業心理學家和發展專家所稱的「依附理論」（attachment theory）。依附理論認為嬰兒會本能地求助他們的照顧者（給予食物、溫暖、驚嚇時得到保護）來獲得安全感，而透過眼神接觸、非語言溝通和觸摸等互動來獲得。的確，所有年齡層的人都會朝向他們的依附者（父母、伴侶、導師、最好的朋友）尋求慰藉、支持和陪伴。我們從依附者身上所收到的回應（是持續的溫暖和歡迎，還是不穩定和疏離），會決定我們是安全或不安全的依

附。在不安全的依附關係中，有可能會妨礙健康人際關係的建立。一個成
人健康地依附他人，指的是足夠獨立和自信去擁有健康的人際關係；會有
一 個 一 致 的 、 有 組 織 的 生 命 故 事 〔 專 業 人 員 稱 為 自 傳 性 敘 事
（autobiographical narrative）〕。也因此，你的生命故事——從出生到死
亡，隨著時間推移的自我感——可以藉由描述你的重要人際關係而寫成。

　　所以，如果你決定要繼續閱讀這本書，你將更能了解你是誰（但願如
此），特別是在你的人際關係本質上。你會注意到自己的特質如何影響你
的人際關係的開始、發展和穩定性，你也會注意到人際關係本身也在影響
（或未能影響）你和你的發展。因為，如果人際關係是健康的，將為你的
生活帶來豐盛、多樣化、能量與智慧，不然，就會影響你和你的發展。覺
察你的人際關係是如何影響你，相應地，你又是如何影響你的人際關係，
是建立更穩固、更充實和更持久的關係的關鍵。

　　所以，再一次問：你是誰？本書多次強調「你是誰」的特徵：你的人
際關係故事、你的大腦特質與功能、你的想法和感覺的特色、你是如何溝
通，是用語言和非語言、你的人際關係是如何出問題及你該如何修正。最
終，本書會有助於你提升自己的幸福感，同時促進你的重要關係的福祉。

譯者序

PREFACE

　　有些人在親密關係中不敢靠近，敬而遠之，深怕被傷害；也有些人為了害怕失去關係，委曲求全；更有些人為了親密關係的失去，傷害自己，傷害別人；而有的人在人際關係中不但可以照顧自己的需求，也可以給予別人的需要，到底是什麼讓人在人際關係中的運作有著如此的差異？Daniel Hughes 在多本以依附關係為基礎的治療模式，以及親子教育為主題的著作之後，再次運用依附關係理論，說明關係建立歷程。他舉了很多例子說明孩提時與自己父母互動的過程，對個人及自己人際關係的影響有多深遠。

　　我的工作大都是協助親子關係的建立，印證了作者所說的，當我們長大後，往往會不假思索地把過去從父母或照顧者身上所學到的觀念、習慣、規則、應對模式，甚至是傷害傳遞到目前的關係中。很希望這本書可以協助身為父母，及任何有興趣了解自己在關係中問題的人，對自己和人際關係的建立有所了解與覺察，從而做出不同的選擇並停止傷害性的互動方式，以建立良好關係。就如同書中所描述的：「如果人際關係是健康的，將為你的生活帶來豐盛、多樣化、能量與智慧……。」

黃素娟

關係密碼
打造依附關係的八把金鑰

金鑰 *1*

依附關係的重要性

　　斯蒂芬妮發現她被喬納森深深吸引，強烈到想要放棄目前自己很滿意的工作，跟他搬到另一個城市去，因喬納森即將有工作調動。斯蒂芬妮很焦慮，因為她不是很了解他。她想起在過去八年當中，曾經有過兩段失敗的異性關係，嚴重地擾亂了她的生活。然而，斯蒂芬妮知道，不管她如何告訴自己要謹慎，她很可能會重蹈覆轍，再次的付出一切。她想要聽從朋友的意見，他們告訴她要放慢腳步，可是她發現自己會衝動地迎合喬納森的建議，答應跟他一起搬走，離開她非常滿意的工作和社區。為了更加了解斯蒂芬妮的行為，我們最好先了解一些依附理論的說法。

　　當你尋求伴侶的安慰及指引時，你會感到自在嗎？當你有苦惱時，你會求助你最好的朋友以獲得支持嗎？你跟你的伴侶或朋友出現衝突時，你是如何處理的？你會怎麼修復你們的關係？這些問題是確認建立健康人際關係的重點，可以從依附理論中獲得答案。

⫸依附理論

　　依附理論大約於 1950 年興起自英國倫敦，主要是為了理解嬰兒與父母親互動關係中的主要特徵。這理論是由一位英國精神科醫師 John Bowlby 所建立的。結合了 Mary Ainsworth 積極的共同研究，這個概念很快地在美國獲得了迴響，構成了強大的研究領域，並且在全球逐漸演變成一個主要理論架構，用來解釋人們於各個年齡階段中，在關係的脈絡下是如何發展。依附關係理論勾畫出嬰兒如何在早期與父母親建立關係，及對未來所有人際關係的影響。這理論描述這些關係的主要特徵，而這些特徵在許多文化中都存在著。

　　依附理論不只是協助我們了解健康和不太健康之人際關係的意義，而且可以了解一個人如何在關係中運作。因著我們的依附歷史，我們傾向於帶著一定模式的想法、情緒和行為與他人互動。我們的依附模式，使我們用一定的方式與人連結，也成為了我們在人際關係上的特質。

　　除此之外，我們在依附者身上所看到的自己，會大大地影響到我們的自我認知。跟與自己沒有特殊依附關係的他人比較起來，與自己有依附關係的人對個人的影響較深遠。

　　由此可見，在了解健康的人際關係時，依附關係是重要的。在本章中，我會說明依附關係的概念及其主要特徵。這將有助於建立一個架構，用來探索本書其餘七把開啟健康人際關係的金鑰。當我描述健康關係的特徵並說明實現依附關係的方法時，依附理論所具備的本質將會顯而易見。

嬰兒的依附關係：從安全感到探索 ───

　　依附關係始於安全感。當嬰兒經驗到安全上的威脅而感到焦慮難過時，父母可以滿足他們的需要，不管是提供食物、溫暖、安撫或是陪伴，嬰兒的難過得到解除，他們就可以準備投入一天中接下來的時刻。對嬰兒來說，依附關係是讓其生存下來的重要依據，因為嬰兒無法自己滿足最基本的需求。嬰兒需要他們的父母。

▎安全感▎

　　當你還小時，你肯定知道你需要你的父母。你記得當你覺得需要他們時的一些特定例子嗎？你記得當你受傷或害怕的時候，你是怎麼尋求父母協助？或是當你在哭的時候，他們會來到你身邊嗎？最可能的是這兩種狀況都會發生：當你在痛苦時，你尋求他們的協助而他們會過來。但是，如果出於某種原因，當你需要他們協助時，他們沒有出手援助，你就會陷在困境，久而久之發展出不要尋求他人幫助的習慣。事實上，當住院中的嬰兒經驗到劇烈的醫療過程，在持續的疼痛中，父母無法減輕其感受，在未來當他遇到痛苦時，他有可能會出現減少尋求他人協助的特質。

　　當嬰兒在各種威脅的情景下，體驗到一次又一次父母會確保他的安全，漸漸地就對父母產生了安全感。他們期望父母會確保他們的安全，父母也做到了，這時嬰兒發現到父母跟其他成人在很多方面是有所不同的，最主要的是自己的父母可以一致地、持續地跟孩子接觸，而且他們準備好隨時確保孩子安全。嬰兒越來越意識到，他的安全感是跟靠近父母及互動有關。從而，發展出強烈的渴望與父母在一起，而不是與其他成人。當父母不在時，他會焦慮不安；和父母在一起時，他就會安心。他可以信任父母是有能力且積極地在照顧他的需要。

也許你會記得,在你小時候,當你遇見陌生人所體驗到的不安感。如果你是害羞的孩子,你可能比一個較堅定自信的孩子來得容易焦慮。如果你的父母敏銳覺察到你的焦慮並做出回應,在支持你的同時也協助你慢慢面對你的焦慮,在未來,你就比較容易面對陌生人。因此,你會有著不錯的社會技巧,讓你跟同儕或陌生人建立關係。如果你是經常和父母分開,或他們沒有在你發展社會技巧上給予支持,那你就有很大的可能在新奇或帶有刺激的情景中感到不安。

經過無數次與父母的互動,嬰幼兒發現他們的父母是生活中不可缺少的部分。當父母不在的時候,他們相信父母是會回來的。這樣關係的持續漸進變得可以預期,最後孩子能夠了解到分離或來和去之間的不同,但是關係是長存的。幼兒直覺地知道如何同時在安全保證與探索環境兩者之間取得平衡。學步兒經常會爬離父母,而只要稍微有看似威脅的徵兆或是對於和父母的距離感到不安時,孩子就會快速地爬回父母身邊。當孩子能夠順利維持安全和探索之間的平衡,他們就會是安全地與父母依附。

▌探索▐

當嬰幼兒和學步兒感到安全,而且相信父母在他們遇到困境時可以提供安全及保護,在這樣的安全依附狀態下,他們可以把大量的精力專注在探索這個世界。當他們安全時,他們就是處在安穩的位置上去探索、去學習。隨著安全而來的好奇心,描繪了幼兒開放及投入的心理特徵。這驅動幼兒去探索,對孩子在心理、生理、大腦神經、情緒及行為發展至為重要。因此,安全依附強調孩子全面的發展,遠超出依附的功能。

嬰幼兒在探索時,最有興趣的是什麼?莫札特、手機、《芝麻街》?不盡然。嬰幼兒和孩童最有興趣的是探索父母的世界。他們被父母所著迷的事物深深吸引;而父母也被孩子吸引住!父母願意陪伴他們,親子在一

起時經歷並表達出快樂、喜歡、愛和有趣，孩子也會意識到自己是快樂、討人喜歡、可愛和有趣的。此外，孩子賦予他們所在世界事物的意義及看法，也是依據他們父母所給予的。

　　我在澳洲的第一個晚上，因時差關係無法入睡。當時我看到天花板上有兩個移動的影子，打開電燈，我看到兩隻巨大的蜘蛛。我整晚盯著牠們的動靜，無法入眠。第二天，我告知朋友，才知道入侵者叫「獵人蜘蛛」。當我在敘述這可怕的故事時，我注意到朋友的兩個兒子（分別是八歲和五歲）也在注意著我說的話。那八歲的兒子對我的害怕感到疑惑，說：「那只是獵人蜘蛛啊！」我喊道：「那**只是**獵人蜘蛛！」五歲的弟弟不了解我為什麼那麼困擾，當他的哥哥向他解釋說我是被「獵人蜘蛛」嚇到時，他笑個不停。這些孩子在哪裡找到對獵人蜘蛛不怕的勇氣？

　　這跟勇氣無關。很明顯的，大部分的澳洲人都不怕所謂的「獵人蜘蛛」，這些孩子只是單純從他們父母如何看待這世界的事物而有所學習，他們看待「獵人蜘蛛」也許就好像我們看待倉鼠一樣。我只是要指出，父母是如何影響我們看待這世界，那是透過我們跟父母無數次的互動過程中學來的，大部分都不是從「教導」而來的。父母對於我們對這世界的理解、思考及反應，特別是在重要人際關係部分，都有著重大的影響。

　　當嬰幼兒安全地依附父母，從父母身上學習如何看待自己和世界，比起沒有安全依附的孩子來得更全面、更複雜和更有組織。在沒有安全依附的關係中，孩子的能力不斷圍繞在獲取安全感，沒有安全感的嬰幼兒注意到的大都是跟安全有關的事物。沒安全感的關係缺少了在安全依附孩子身上所擁有的廣度及深度的經驗分享。一般而言，在不安全的關係狀態裡，孩子很難從父母身上得到安全保證，更不用說對自己及這世界的探索與學習。

把嬰幼兒依附關係的概念應用到成人身上，可看見當我們在關係中感到安全時，我們會知道就算是面對問題，這份關係是持久的，當我們遇到困難時，可以找尋他人來協助。跟他人一起時，我們更能開放地學習各種事物。當我們和某人有著安全的依附，一起出遊時，相較於自己一個人去，我們會比較放鬆、更享受我們的旅程，且較開放地學習新的經驗。

▶▶▶ 你的關係藍圖

當孩子在和父母形成依附關係的同時，他們也正在發展如何與他人有意義地連結的人際藍圖。這藍圖是下列事項的指南：

- 我們如何與其他家庭成員或親密朋友溝通看法、期待和聯繫的方式。依附關係研究者稱之為**內在運作模式**（inner working model），是我們生活中如何讓人際關係運作、對他人可以預期什麼，和給予他們什麼角色的藍圖？
- 評估自己對他人的依賴程度，以及在哪些地方我們真的需要依靠他人。
- 情感在我們關係中的作用：我們有多直接及善於表達、有多少意願面對脆弱，以及多仰賴情感，這些影響了既定關係的性質和重要性。
- 當我們處在困境時，有多容易信任他人能幫助我們，且儘管我們是有所不同或有衝突的，別人仍是忠於我們的。

我們如何與他人聯繫的人際藍圖並不是僵化和不可改變的。不過，它的確成為我們與他人連結時，持久一致和遍及所有關係的模式。這樣的關

係模式會影響我們安全需求的滿足，以及對世界的學習。

》》連結模式

　　依附關係研究者已經確定，人們傾向於三種主要的關係模式；第四種與前三種重疊。研究者對每一模式用在兒童和成人上都已經分別命名，如下表中所示。例如：一個孩子呈現矛盾型依附模式時，顯示在成人之後，會呈現焦慮型模式（這是假設個人的模式在重要的生命經驗期間，沒有任何新的改變）。

　　能夠覺察到我們在關係中傾向的模式，可以協助我們了解自己的偏好、情緒化的行為習慣，以及在關係中的挑戰。就像之前所說，這些模式不是一成不變的，但它們往往很牢固。如果我們想要改變，可以透過覺察和找尋與過去不同的方式跟現在或新的關係連結。讓我們仔細看看每一種成人的依附模式，在稍後的說明中，你或許能找出你所屬於的類型。

依附類型	
兒童	成人
安全型（secure）	自主型（autonomous）
逃避型（avoidant）	抗拒型（dismissive）
矛盾型（ambivalent）	焦慮型（preoccupied）
紊亂型（disorganized）	未解決型（unresolved）

▌依附模式的特徵▌

　　依附模式有四種，是以在關係中特定的互動方式來區分。這些關係互動模式是相當牢固的，是個人作為發展和維繫重要關係的信念、情緒和行

為的樣板。以下會對每一模式的信念與行為詳加描述。

自主型依附模式

- 對你所依附的人,你可以在信靠自己和依賴他人之間維持平衡。
- 在壓力狀況下,你可以依據情形,選擇獨立處理還是找尋朋友或伴侶的協助。
- 你可以同時保有你的自主性,並成功地維持你跟朋友或伴侶的關係。

抗拒型依附模式

- 在你的生活中,你會貶低依附關係的重要性,把焦點放在保護自己的獨立性及控制自我/個人的生活。
- 你不重視自己的依附關係,而較為看重個人成就和利益。
- 在你做出人生抉擇和處理壓力時,很可能會降低情感的重要性,強調你的思考和理性能力。

焦慮型依附模式

- 在你的生活中,你傾向於過度強調人際關係的重要性,而輕忽了自己獨立性的重要。
- 在親密關係中,你傾向於尋求安全感和幸福,但因為你的自主意識沒有得到良好發展,即使是親密關係,你常感到不安和不快樂。
- 你大量的沉緬於過去親密關係對你的影響,而不能在目前關係中減輕那些影響性。
- 你很容易會輕忽理性思考,在需要做出人生抉擇及處理壓力時,你會著重在情緒部分。

未解決型依附模式

　　未解決型依附關係模式是上述任何一個模式的分支。在目前的關係中，某一事件讓你回想起過去似曾相識的壓力事件時，未解決型依附模式就會浮現。這與過去親子關係有著混亂、失調的影響有關，大大影響了你目前關係的功能。未解決型依附模式也許很少或很頻繁地在目前一個或多個關係中出現。例如，有一個先生對他的太太可能顯現出自主型（或抗拒型、焦慮型）依附模式，可是有一天，因為他沒有做到對太太的承諾，太太很生氣地回應，他此時聯想到太太跟他媽媽很相似，因他曾經對媽媽說謊，當時媽媽非常憤怒，嚇得他躲進自己房間裡。所以當太太發怒時，一時引發了他覺得可能被遺棄的恐慌和羞愧感，這讓先生覺得難以感到安全並修復彼此的關係。

　　在你的重要關係中，如果你注意到偶爾會出現激烈的、破壞性的和雜亂無章的行為時，這些事件可能是呈現未解決型依附模式的跡象。這些壓力事件和行為也許會一再出現，除非你先處理之前的依附困難事件。處理的方式，也許需要透過個人關係或專業關係裡的反思或尋求諮商輔導。

● 依附模式在關係中的重要性

　　這些依附模式提出了健康的人際關係，往往顯現在與人連結和個人自主、親密和獨立之間維持平衡的成效上。當獨自一人和自行活動中都感到滿意和快樂時，就較可能在健康的關係中發生深層的意義和得到滿足。

》》》更多脈絡

　　雖然本書指出了依附理論是健康人際關係的主要模型，我們也必須記住在關係的發展中，家庭和社群所呈現的性別議題、宗教和文化等也對關係的塑造有著重要影響。一般社會對男孩和女孩應該如何分別發展，和應如何交往，都有一定的期待，這影響他們終其一生的關係。如果男孩被養成做家事是女人的責任，女孩被養成男人和女人都應公平地分擔家事，若這兩人在未來發展出一段關係，難免會有衝突發生。這樣被教養的男孩會相信身為一個男性，他的女性伴侶期待他參與家事，是不愛他或是對他不公平。同樣，對女孩來說，長大後，當她跟不能分擔家事的男性伴侶在一起時，她也不會感到舒坦。

　　當我們想到對男孩和女孩會有不同的發展期待時，我們並不意外的是，女孩可能容易發展出焦慮型依附模式，強調關係和情感，而男孩較易發展出抗拒型依附模式，強調的是獨立和理性。如果男孩和女孩要發展出一個自主型依附模式，他們就要在建立親密關係的同時保有他們的獨立感。

　　有許多對性別期待不同的例子，這裡只舉出一些比較常見的，包括了做選擇、採取主動、養育子女、分享情感和對健康伴侶關係的共負責任等。覺知到這些議題，開誠布公地討論和找尋到方式解決彼此顯著的差異，是維繫健康伴侶關係至為重要的。

┃案例┃

　　在下面的段落，我提供不同情境作為對照的例子，以個案梅蘭妮的故事來描述發展狀況。這些故事情節是用來呈現依附關係如何影響我們的生活，但這些影響會轉換成不同方式，特別是透過其他依附的關係。我們對

父母的依附影響了我們的發展，但是，他們不是唯一的影響，而他們對我們的影響也不是不可逆轉的。

● 情境一

梅蘭妮出生時，父母貝絲和布魯斯並不想要那麼快有這小孩，他們計畫在他們的事業和家庭更安定時才生小孩。但當梅蘭妮來到世上的時候，他們雖然有些措手不及，還是接受了她。他們熱切地愛著她，對她的豐富表情和滿足她看似無止盡的需求樂在其中。而梅蘭妮，則是不斷地渴望被他們所擁抱和與他們互動。他們沒有充足的睡眠，也不再有放鬆、休閒的安靜週末，但是他們仍努力尋找成為父母所需的能量。

隨著時間過去，開創事業和家庭的壓力、金錢耗費的擔憂，和三度企圖為梅蘭妮找合適的托兒所，結果都不滿意的挫敗感，弄得全家人都疲憊不堪。梅蘭妮開始更常哭，布魯斯和貝絲也開始找些理由要求對方看顧她。他們還是會跟她玩，喜歡她的笑聲和好奇心，可是他們的興趣很快就飄到其他事情上。他們沒有意識到，梅蘭妮已經不再是他們快樂的泉源，而且更多時候她只是一個責任。是的，她對他們來說是重要的和摯愛的，即使如此，但終究還是一個重擔。而梅蘭妮哭得越來越多，也想要更常被抱。她希望他們對待她的方式，就像她剛出生的最初幾個月一樣；她的父母則正好相反，開始想要逃向她出生前的生活。

梅蘭妮在幼兒期並沒有經歷到虐待或疏忽，她得到了父母的喜愛。她所失去的是更隱微的東西。孩子同時是父母的喜悅來源又是責任，但幾個月過去，梅蘭妮更常是父母的責任而很少是喜悅的來源。她渴求的是情感的親密，那是她偶爾可以獲得的。梅蘭妮不斷努力嘗試與父母有更密切的關係，讓她沒有足夠的精力去發展自己獨立的想法和做法。當孩子表現出矛盾型依附模式，就會導致她在步入成年之後，有著焦慮的關係應對模式。

再看看梅蘭妮的父母,貝絲和布魯斯來自於截然不同的家庭。貝絲在五個孩子中排行第三,她的父母兩人都努力地在支撐整個家庭,可是最終還是來到了彼此怨恨、爭吵不斷,各自在家庭以外找尋樂趣的情況。貝絲不記得自己跟媽媽在一起有多少愉快的活動,跟姊姊倒是有的。她的媽媽總是忙著工作或是出去兼職,就是沒時間陪伴每一個孩子。她的爸爸也沒盡太多做父親的責任,頂多就是提供家裡的基本生活所需。貝絲的家人有著許多的情緒,主要是緊張和憤怒。貝絲在家經常被認為是「礙手礙腳」,她有很多要求,而且對家庭生活感到不滿,明顯激怒了她的手足和父母。貝絲也許會是矛盾依附類型的孩子,長大之後成為焦慮的依附類型。相對來說,布魯斯是家裡兩個孩子中的長子,他的父母都是高成就者,他們投入很多精力,而且是積極地把兩個孩子培養成高成就的人。家裡很少有一起遊玩的時候,這被認為是「浪費時間」,因為他的父母不想要失去任何晉升的機會。雖然他的父母都在家,而且也很在乎自己對孩子發展上的重要性,但在家裡很少有情緒上的關懷。布魯斯也許小時候就形成了逃避依附類型,到長大後發展出抗拒型成人依附模式。

布魯斯和貝絲決定他們兩人要揮別過去自己所熟悉的家庭生活,可是他們發現比預期的還要難。當他們的焦點都只是在每天的生活責任上時,他們跟孩子互動的熱絡就漸漸消退了。貝絲發現雖然她跟布魯斯都在外工作,可是自己在家中卻要負起大部分養育孩子的責任,這讓她對布魯斯越來越容易發怒。每當梅蘭妮對她做出有趣的反應而且開心大笑的時候,貝絲會很喜歡跟她在一起,可是一旦孩子鬧脾氣和苛求的時候,她發現自己比較難去照顧孩子。這時候,對貝絲來說,梅蘭妮是在拒絕她,她就用很嚴厲和批評的語調對孩子做出回應。布魯斯也很喜歡跟梅蘭妮玩和照顧她,可是都只有短暫的時間。他對來自於貝絲和孩子的情緒壓力,以及她們期待有更多的互動時,他很容易採用逃離的方式。

　　當梅蘭妮漸漸長大，她就越來越少在父母面前呈現她的情緒——她的快樂、興趣、悲傷和害怕，並不是她甘於獨自一人，事實上她希望可以經常跟爸媽在一起，而不是自己一個人獨自玩耍。媽媽陪伴她的時間比爸爸還要多，可是母女間的互動很多時候都在兩人不歡而散的狀態下結束。至於爸爸，梅蘭妮很少跟他有接觸，爸爸對活動不感興趣，當他們活動起來似乎缺少了能量和樂趣，梅蘭妮也很快就失去興趣。她的父母引導她跟同儕一起玩的時候，她照做了，剛開始她不情願，之後就願意了。她的同儕看起來比父母對她有更多的回應，直到他們失去興趣、因某些原因拒絕她的邀請不跟她在一起，或是他們不能滿足到她，梅蘭妮就會再找其他朋友。一般來說，她都可以成功地找到新朋友。

　　年復一年，梅蘭妮習慣性地感到有些不快樂。沒有什麼具體的，只是輕微的不開心。她在學校表現很好，在大學的時候很受歡迎，而且開拓了令人滿意的職業生涯，在她住的地區附近，創立了個人的小企業。她在職場上受人喜愛，而且找到了友誼，她喜歡跟朋友一起，但只有一段時間而已。她想要在這些關係和她的活動中獲得更多，可是她不知道那「更多」是什麼。不論跟朋友或合作的夥伴，都有頻繁的接觸，可是似乎都沒法持續很久。有時候，她可以感覺到自己也許在關係中對他人太「苛求」和太過批判，但是她往往都不去反省她的關係失敗之處，反省讓她感到心灰意冷和有點羞愧。她知道她的父母愛她，她也愛他們，可是她就是不太喜歡和他們在一起。她跟媽媽在很多事情上都有爭議，而和爸爸也很少對話。她經常感覺到她在埋怨父母，但她不要去想太多，因為她覺得有這些想法意味著她不知感恩。

　　在梅蘭妮快三十歲的時候，她和阿倫結婚。阿倫的個性安靜沉著，看起來他喜歡她的精力旺盛，以及對親密的渴望。她喜歡阿倫可以如此的接納她，當她特別找更多時間跟阿倫在一起時，他並沒有疏遠她。她一生中

所想要的，也是他要的，也許她在事後會覺得自己要「太多」了；他也希望有這樣的關係，可是從來沒有信心啟動它。在幾年內，他們有了兩個可愛的小孩，一男一女。他們熱愛這兩個孩子，有著莫大的喜悅。但不可避免的責任增加，伴隨著壓力和背負很多義務的緊繃，阿倫變得孤僻和情緒化，而梅蘭妮也變得更緊張和不快樂。她很努力，但通常是帶著生氣和批評，要求阿倫陪伴她和兩個孩子。阿倫讓梅蘭妮開始想到她的父親（並不意外，阿倫呈現的就是成人的抗拒依附類型）。當孩子們每天在梅蘭妮身上要得越來越多，她開始感到被他們的要求淹沒，她覺得不對勁，可是她試著不去想它，因為這樣的想法讓她感到絕望。儘管她不要去想，然而，類似事情總是會遇到。不知怎麼的，她隱約感覺到讓自己採取忽略不理的做法，會破壞她生活的核心意義。

　　梅蘭妮的故事對我們來說有種似曾相識感：我們童年時的依附關係模式經常會出現，而且活現於成人後的關係模式中。就算是沒有出現，模式的影像也會如鏡照般呈現。這些早期與伴侶和親子關係有關的家庭互動模式，很容易在我們新的家庭中影響我們的模式發展。而且也會影響我們的許多關係，不論跟朋友、同事、鄰居和認識的人，甚至也會出現在一些短暫的機能性關係，像是別人為我們服務或是我們替他人服務時。

　　現在讓我們重回梅蘭妮和她父母親的故事，設想有其他兩種情境，如果在她小時候有些許依附關係建立的改變，她目前的生活及依附模式也許會有不同發展。

● 情境二

　　貝絲和布魯斯從可愛的女兒那裡感受到愛和喜悅，可是，當生活越來越多的是承擔責任，為了要照顧梅蘭妮，他們越來越少感覺到為人父母的

快樂,而且,發現在有空閒時,除了給梅蘭妮最基本的需求以外,他們會逃避陪伴她。有一晚,貝絲和布魯斯為了誰應該在星期六下午負責看顧梅蘭妮而吵起來,之後,貝絲哭著向丈夫訴說在他們與梅蘭妮的親子關係之間,正在失去一些特別的東西。她悲傷地回想起自己跟女兒說話、回應的方式,她注意到這是她父母對自己的方式。布魯斯也開始回顧起他在童年時,父母逃避日常對他的照顧,他意識到他正在用同樣的態度對待梅蘭妮。他們接下來的幾個星期都在談論這部分,並彼此做出承諾,要發展出新的模式重新和梅蘭妮連結,有別於他們父母與他們的連結。

　　幾個月來,貝絲和布魯斯彼此相互支持,努力地改變他們與女兒連結的方式。由於他們有動機成為更好的父母,透過互相的支持,貝絲降低了焦慮的互動模式,而布魯斯也減少了抗拒的模式。他們都變得更加自發地依附在一起,並大力協助彼此在面對陪伴梅蘭妮及自我滿足時的掙扎。很多時候,布魯斯會督促自己去引發與梅蘭妮活動,或是對她所促發的活動就算自己不太喜歡,也會做出回應。他努力說服自己,跟她一起玩是對他和對女兒都好的事。貝絲則督促自己注意一些對女兒及關係是正向的事情。她對小小的挫折變得容易放下,發展出更多的耐性,而且比較少有不穩定的狀態。漸漸地,貝絲和布魯斯開始注意到當他們跟梅蘭妮互動時,隨著時間增長,他們常會更喜歡跟她在一起。這種喜樂往往更常也更快地出現。有一天,他們帶著深厚的喜悅和驚奇大笑起來,他們意識到,現在他們經常在爭相吸引女兒對他們的注意,而不是相互爭著逃避她的注意力。隨著梅蘭妮漸漸長大,她跟同儕的關係是有意義、成功且愉快的。最後她選擇了一個也是自主型依附的伴侶,而且他們能用如同貝絲和布魯斯照顧她的方式來養育自己的孩子。

● 情境三

　　在養育梅蘭妮的過程中，貝絲和布魯斯重複著他們父母運用的模式，充滿了許多的衝突和逃避的方式，和他們自己被教養長大的狀況是相似的。梅蘭妮變得很不快樂，並且跟同儕的關係總是吹毛求疵，也讓她和友伴的關係往往不能持久。

　　梅蘭妮在 12 歲那年，和一個與她同年齡、住在她家附近的女孩珍成為好友。她跟珍的家人會面，參加一些他們家庭的活動及聚餐。兩人良好的關係持續幾個月之後，她和珍為了珍沒空與梅蘭妮共度週末而吵了一架。梅蘭妮指責她的朋友小氣又自私，她離開了，心想珍可能不會再跟她見面。然而，接下來的一個星期，珍打電話給梅蘭妮，邀請她跟家人一起去看電影。幾個星期後，梅蘭妮在他們家取笑了珍的弟弟，珍的媽媽為此指責她。梅蘭妮離開之後，想到自己此後不會再被邀請到他們家，感到很難過。但事實上，一次又一次，儘管她跟珍或她的弟弟或她的父母出現衝突，她還是被邀請了；而這樣的衝突狀況也越來越少出現。

　　梅蘭妮在珍和她的家人那裡學到新的依附模式。極可能珍呈現的是安全型依附，而她的父母很可能呈現的是自主型依附模式。在之後的幾年裡，梅蘭妮發現她跟同儕的關係可以更持久且很少出現衝突。她也注意到，與他人的差異並不會導致憤怒，而即使憤怒也不會導致關係的決裂。她還發現她與老師的關係變得令她滿意。成為大人之後，她最終選擇一位安全依附型的伴侶。他們兩人可以一起用她從珍和珍的家人，還有隨後在青春期有意義的關係那裡學來的類似模式來教養孩子。

　　前面所呈現梅蘭妮生命發展的三種情境，當然不是一定如此截然劃分的。在第一個情境中出現的失敗，當然也有其成功的地方。而在第二個情境中，梅蘭妮成功地改變了依附模式，就算依附模式演變為讓人滿意的樣

貌，但也一定會有壓力、錯誤和挫折。無論如何，前面提出每一個顯著的依附模式，確切地成為了解我們生命故事內涵的優勢和傷害，以及滿意和困難的重要原則。

　　的確，依附關係是很重要。我們最初的依附模式成為了我們生活的藍圖。我們往往不經意地在我們目前朝夕相見的依附者身上或甚至是並不重要的關係中呈現出來。模式可以改變、調整，變得更加靈活和全面性，但這並不是我們吞顆藥、讀一本書或進入一段新關係，就會神奇地發生。要改變這些模式，想要朝向發展出正向意義和滿意的方向，我們需要覺察到我們的模式、自我反思，以及修補在關係中個人的習慣和與人互動的模式。本書可作為令人深思和自我超越的指導者。

練習

　　現在你已經知道這四種依附模式，想想哪一種模式最能描述你的行為，記住，你可能不只呈現一種模式。

1. 自主型依附模式

- 你對自己一個人去面對問題和要依賴重要他人處理問題都感到自在嗎？
- 你對自己以及你伴侶的興趣和期待，視為同樣重要嗎？而且你們會找時間彼此分享嗎？
- 你重視自己的情緒經驗和事後的反思洞察嗎？

2. 抗拒型依附模式

- 你是否把大部分的注意力都放在個人的興趣和獨立上，把關係看得很輕？

- 當你在規劃未來時，你比較想到的是你個人的發展更甚於關係的經營嗎？
- 你是否採取高度理性的方式來做決定而輕忽你的情緒經驗？

3. 焦慮型依附模式

- 你是否把專注力放在關係上多於個人興趣和追求？
- 在重要的關係中，你會非常擔心，而且很多時候會感到不如預期而失望嗎？
- 你是否經常任由你的思緒遊走在過去關係的困難和失落中，甚至追溯到童年時？
- 你是否發現你的行為反應是受情緒驅動多於深思熟慮？

4. 未解決型依附模式

- 你是否發現在重要的關係中，某些經驗是極端難以處理？
- 過去關係中發生的事件是否侵擾了你目前的關係？
- 在某些情況中，你是否對與伴侶溝通彼此的想法、情緒和行為覺得相當困難？

如果你認為你有**抗拒型依附模式**的特徵（你不強調生活中關係和情緒的重要性、不討論情緒想法和個人感受，以及有壓力時貶抑依賴他人的需要），問問自己，並且回答以下幾個問題：

- 持續維持這樣的模式，對你有什麼好處？（如果你要改變這種模式而採用較為自主的模式，你不想放棄的是什麼？）
- 你覺得持續維持此模式，對你有什麼不好？（如果你要改變這種模式而採用較為自主的模式，你想你會獲得什麼？）
- 當初在什麼樣的動機下，讓你想要改變成更加自主的模式？（當你

進一步深入閱讀這本書時，重新審視這個問題。）

如果你認為你有**焦慮型依附模式**的特徵（你會降低對獨立的重視、很少反思自己的生活、往往會抓緊過去和目前關係上帶來的壓力，而在處於壓力時無法獨立面對），問問自己，並回答以下幾個問題：

- 持續維持這樣的模式，對你有什麼好處？（如果你要改變這種模式而採用較為自主的模式，你不想放棄的是什麼？）
- 你覺得持續維持此模式，對你有什麼不好？（如果你要改變這種模式而採用較為自主的模式，你想你會獲得什麼？）
- 當初在什麼樣的動機下，讓你想要改變成更加自主的模式？（當你進一步深入閱讀這本書時，重新審視這個問題。）

如果你認為你有**未解決型依附模式**的特徵出現在人際關係重要時刻，在感到自己處於壓力時，你難以成功地依賴自己或是依靠他人（那就是過去的壓力事件，持續地在影響著你目前的功能），問問自己，並回答以下幾個問題：

- 你認為過去什麼樣的關係事件對你目前的關係和功能運作造成了負面影響？
- 對你目前的關係和功能有什麼影響？
- 當初在什麼樣的動機下，讓你想要改變來解決過去關係的壓力，不致影響你目前的關係？（當你進一步深入閱讀這本書時，重新審視這個問題。）

認識你的自傳並
願意重新改寫

任何一本有關建立健康人際關係的書，都會有一個章節集中在探索個人的自傳。也許你會想，我們在這本書裡太偏重內省，而個人的生平故事、個人歷史已經過去了，早已是無法挽回的事實，探索無益。還不如簡單地走向明天，使用一些可能的策略來發展新的關係或改善目前關係的素質。在你認為之後的章節會比這章更為實用，想要跳過本章以前，不妨想想作者強調本章的幾個要點。

首先，過去發生的事件對你目前的關係模式有重大影響，如果你想以任何方式來改變這些模式，理解過去事件對你的想法、期望和行為有什麼影響，是很有幫助的。其次，雖然過去事件無法改變，但是，圍繞著這些事件，可能會建構出新的意義，而且一旦意義改變了，該事件對目前人際關係的影響就可以改變。所以跟著我回到你的過去，看看你對目前關係和期望未來關係的想法是否因而改變。

》你的自傳

　　要告訴別人你是誰，很難不提及你的背景和生活經驗（包括你在童年、青少年和成年期的人際關係），人際關係對於你之所以為今日的你有著重大影響。你的自我感（像是你的身分），這時候成為你故事中的寫照，那就是你的自傳。你的生命故事，尤其是涉及人際關係中的社會和情感世界的定位，是決定你成為怎麼樣的人的主要因素，也是人際關係裡的重要本質。

　　你是誰，是個人因素的獨特結合結果：你的原生家庭、你的社區、你的文化、你的宗教或信仰體系、你的國籍和居住的國家，那就是你的自傳。這並不表示你的氣質、基因藍圖和其他內在因素不重要。相反的，我們所特別關注的是：你在過去人際關係裡的獨特模式和素質如何構成了你的自傳，導致你在目前人際關係中的角色與定位。我們的鏡頭將特別聚焦在你的家庭關係。關注你跟朋友的關係，還有注意你是如何受到文化、宗教信仰、性別角色、習慣和期待的影響，同樣也有所幫助。

　　在探索你的自傳時，我們把主要焦點放在你和父母的關係上，相信你不會感到驚訝。親子關係是你最初的人際藍圖，指引你在未來人際關係應如何發展和維持，發揮它們的特性、功能、界線和你生活中的角色。也許你比較容易理解你跟父母的關係如何影響到你跟自己孩子的相處，但較大的困難在於去看到你和你的伴侶或好朋友關係的相關性。在很多方面，你與父母的關係影響了你所有重要關係的本質。在要做出這樣的連結以前，讓我們先探討親子關係的主要特徵，並探究出你在這關係中的獨特版本。

　　下面討論的十個主題，提供了你在依附歷史中重要面貌的架構，重點在你與父母的關係。在每個主題的開頭，都提供了與該主題有關的問題。

你在閱讀每個主題時，可以寫下你對這些問題的回應，在你閱讀完這本書之後，再回顧一下你的回應，或許會有幫助。

你在回應過程中，也許會經驗到與過去各種事件有關的情緒：悲傷、恐懼、喜悅、興高采烈、生氣、快樂、羞愧感等，這些情緒都只是一道橋樑，用來連結那些事件的意義，以及它們影響著你成為誰，和你所發展的方向。

▍主題一：分享正向情緒 ▍

你和你的家人會開放地用擁抱和親吻、利用話語和暱稱來表達愛和情感嗎？你們彼此會分享快樂和成就，而且可以得到喜悅和肯定的回應嗎？

你也許希望你的人際關係成為你生活中快樂和喜悅的主要來源。如果你的童年跟父母有持續開放的情感表達和互惠快樂的互動，這就比較有可能。在這樣的互動中，當父母是自如地給予和接受孩子時，孩子會積極地尋求和參與；如果父母缺乏開放地表露正向情感，雖然你可能知道父母都是愛著你，可是你體驗到他們的愛是有所保留、不深厚的。你是用你的「大腦」多於你的「心」去意識到他們的愛。

在你童年的家庭，如果表達正向情感不是一個普遍的現象，要你跟你的朋友或伴侶做出這樣的表達，你可能會感到不自在。你與伴侶表達情感的方式以及自在表達的程度不同，可能會成為你在分享情感生活上的失望和挫折。這沒有對與錯。可是，覺察到這樣的表達對你和你的伴侶是如此重要，而且願意坦誠地討論彼此情感表達的不同，以及這些差異對你們每個人意味著什麼，也許就是構成你們有健康伴侶關係的重要部分。

▌主題二：分享脆弱情感 ▌

　　你和家人可以自在地告知家中成員自己經歷到的害怕、失望、失敗和痛苦的經驗嗎？哭泣和尋找安撫是可以的嗎？當你分享你的苦惱時，你收到的大多是情緒支持還是實際建議？

　　如果你可以容易地向父母透露你的情緒，而且他們的回應讓你有被安慰和支持的感覺，我們會認為你是安全地跟他們依附。當你有情緒困擾時，你可以自在地尋求他們的安撫和支持，允許自己去感覺他們的愛，那會幫助你有效地處理痛苦的狀況，甚至在處理其他壓力來源時會變得更有復原力。接受他們的安撫和支持，培養你開發處理情緒的能力。當你面對挫折和失敗時，可以允許自己持續保有個人價值感，你不必成為完美，或否認犯錯。如果你感到可以尋求和獲得父母的支持，在面對考驗和失敗時會比較容易從中得到學習。

　　如果在你童年感到脆弱時，你確實收到來自父母的安撫和支持，這樣你對於伴侶或好友的支持，會比較能自在地接受。你就不太可能陷入得自己處理壓力的孤單感中。假如你的朋友或伴侶向你尋求安撫，你也會自然地給予，除此之外，你會很高興別人把你視為在情緒同理上的依靠。如果在小時候，或是任何年齡，你被教導認為尋求安撫是軟弱或是依賴的標誌，你就有可能把伴侶或朋友要求安撫，視為軟弱和依賴，讓你覺得受困於朋友或伴侶的要求，因而產生逃避的人際關係。

▌主題三：表達生氣 ▌

　　家中成員不管是在一般氣氛或在衝突狀態下，可以允許有生氣的空間嗎？你有沒有一種方式可以向父母表達生氣？或是所有表達生氣的想法都被認為是不敬？當父母管教你時，通常他們是生氣的嗎？你的父

母經常彼此生氣嗎，如果是，他們是如何表達生氣，而且最後都是以吵架收尾嗎？如果他們很少或從不對彼此表達生氣，你認為這對你的關係會有什麼影響？

很多父母會要求或期待孩子打開心胸誠實地對待他們，可是又不允許孩子對他們生氣。甚而在一些家庭，表達生氣、承認生氣都被視為不尊重父母，並且引發嚴厲的言語回應或更加嚴重的後果。當暴露在這樣的狀況下，有很多孩子會對父母以及他人有認同、調節和傳達生氣的困難。當他們對同儕表達生氣時，他們的做法通常是激烈的、失調的或是咄咄逼人的。在親子關係中，如果沒有表達生氣的空間，往往不會好好處理衝突：不是逃避，就是以不友善的方式處理，而造成一段時期的疏遠隔閡或是煩躁鬱悶。生氣變成與羞愧連在一起，而生氣的原因，通常是哀傷、恐懼和憂慮等受傷情感無法得到了解、表達和解決。

假如你的父母也不知如何處理和表達生氣情緒，往往以衝突方式收場，那麼，你也不會見過一個成人處理時而發生的壓力的經驗，那是在親密關係中必然存在的狀況。

假如生氣沒有出現在你的家庭生活中，那麼，很可能你就沒有獲得以不攻擊他人的方式來向手足或同儕表達生氣的經驗。你也很難在關係中去討論你想要解決的問題。生氣很可能變成是一種傷害朋友的方式，這是受到回應朋友行為，自己受到傷害的體驗，以及你對自己與關係的意義看法所驅動。如果你習慣傾向於避免生氣，你很有可能發展成抗拒型依附的模式；如果你傾向老是對朋友生氣，你很可能是朝向焦慮型依附的模式發展。相反地，如果你的生氣是給你一個訊號，告知你在關係中出現問題，那麼它很可能可以協助你對問題的理解、傳達你生氣背後的脆弱想法及感覺，並且尋求跟朋友澄清和解決。如果你想要有一個自主型依附模式，以這樣的方式來理解生氣，是會帶給你幫助的。

▍主題四：解決衝突▕

家裡發生衝突後，你會做出任何努力去面對衝突和修復關係嗎？衝突不斷地重演嗎？是否出現否認衝突，就像是從來都沒有發生過？衝突導致問題減少、增加問題，或是對問題沒有影響？

假使在你與父母的關係中，適當表達生氣是被允許的，你的家人就可以探討和解決衝突問題。當父母有決心去探討和解決衝突，通常就會有更多的分享和輕鬆的交流共享時光。當衝突出現時，承認並處理它，衝突就會變得較緩和、持續時間較短，發生的頻率也更少。

有些父母在衝突後，可能有數小時不跟他們所生氣的家人說話，甚至是多天不交談。這樣的父母也許甚至把他所生氣的家人視為不存在。這樣極端的疏離關係，很容易引發大多數孩子的羞愧感。這樣的疏離傳達了一個訊息：被指責的家庭成員是那麼的讓人無法容忍及惹人厭。對生氣和衝突如此的回應，也許可以有效地讓孩子聽從，可是卻大大破壞了他們的價值感和自主感，以及在關係上的安全感。孩子會有被遺棄的恐慌。

如果你想跟伴侶建立並維持一段健康、持久的關係，最好能做好對衝突感到自在的準備，而且致力於解決這些問題。蜜月期間讓人忽視輕蔑和差異，全然專注在伴侶最好的地方，只是持續不了多久。與伴侶關係的最初幾週和幾個月，你看到的大多是伴侶吸引你的特質，對他（她）創造了一個影像，遮蓋了任何你不想要看的特質。最後這些特質在關係中變得顯而易見，而且無法閃避。如果你試圖忽略它們，往往會漸漸地放棄了自發的開放及親密，以換取相安無事。這樣的危機在於：雖然宣稱親密，也只是表面而已。如果你試圖去處理衝突但沒有適當表達憤怒的經驗，在溝通脆弱的情感和修復關係時，你可能會陷入一個永無休止的衝突循環，同時也會破壞了任何深層的親密感。

▌主題五：表達差異 ▌

當想法、感覺、意圖和計畫有變動及差異時，是否可以被接納，甚至被鼓勵，或被視為錯誤和不可接受的事情？由於害怕父母的批評或拒絕，你認為隱瞞自己很多的想法、感覺和計畫是必須的嗎？

小時候如果跟父母意見相左，你不但得不到接納，而且不被鼓勵，甚至被質疑你很自私時，你將很難發展出有力的自主權。鑑於你的想法、感覺和行為是提供你用來組織你的自我感，一旦被限制，當你與父母分開時，會讓你產生自我概念模糊不清的危機。父母對你的內在生命給予負向評價，導致你更難去認知和接納自己的內在世界。當你長大時，就會學到只能在自主與順從父母中做一選擇。

相對來說，如果你的父母樂於甚至鼓勵分享不同的興趣、觀點、感受和價值觀的話，你會逐漸了解、進而欣賞自己的獨特，那是構成你這個人的主要特質。儘管有任何分歧和衝突，你會理解到你跟父母的關係是非常重要和安全的，你就會有自主的依附模式。

承認並接受你跟伴侶的不同，是維持健康伴侶關係的主要特徵。差異性被認為能帶來關係的深度和成長，而不是威脅。很多伴侶關係上出現問題，主要來自於某一方努力要去控制另一方內在的想法、感覺、期望、信念以及其行為的結果。在這種狀況下，是基於一個假設：只有一方是對的，另一方必定是錯的。沒有人會接受錯在自己身上。

所以我們會習慣控制他人，通常是在依附關係上經驗到有掌控的**需求**；在童年時期已呈現了紊亂型依附模式的特徵，並且是跟一個有著「未解決型依附模式」特徵的成人生活在一起有關。

▌主題六：設限及管教▐

你還記得父母怎樣管教你嗎？是嚴厲、縱容或是溫和呢？管教只針對你的行為，或是會涉及你的想法和感覺？其中有關係的剝奪嗎（例如：我不是你媽或你不是我的孩子之類）？有體罰嗎？他們怎樣處罰你？

小時候，如果你是被嚴厲和懲罰性地管教，而且父母經常在處罰中充滿暴怒和嚴厲，在與父母的關係中，你很有可能會感到非常恐懼和有恥辱感。如果是這樣，你對他們可能會是「順從且疏離」或是「憤怒和反叛」的回應。不論哪一種回應方式，你都沒有學到處理和解決衝突、接受差異，以及表達及調節負向情緒的機會。

當管教是作為指引和教導的方式，而不是指責，你對你父母的依附就會感到安全，而且獲得在差異上的尊重感，有能力去討論和解決衝突，和不只是知道如何看重自己的期望、信念和行為，也可以看重其他家人。

在成人間的健康伴侶關係，通常跟管教是沒有關係的；只有面對孩子才做出管教。可是，在你小時候，父母在管教時教導的原則，會影響你長大成人後，面對處理分歧、生氣和衝突的原則。你被管教的經驗，很可能會影響到你與伴侶起衝突時，會感到羞愧和憤怒、害怕或是絕望。

▌主題七：親密或疏離▐

當你陷入困境時，你的父母會陪著你嗎？當你分享自己的經驗時，他們會聆聽你嗎？或只願意跟你開心一起玩？你會形容你的父母是可依靠、敏銳的和支持的嗎？他們的反應是否不可預測，而你往往不知原因或與你無關？在缺乏對你的陪伴或情感回應上是可以預見的嗎？你會形容你的家人是溫暖、冷漠，或是在這兩者之間？

童年時期，在家庭中的經驗會影響你生活中角色的定位。主宰你人際關係的功能和形成重要人際藍圖。如果你的父母是極度埋頭在自己個人的生活裡，對身為父母這角色不感興趣，你就只能獨自一個人去處理自己的情緒和壓力事件，這樣你很有可能發展出抗拒的依附模式。如果你的父母有時候在，有時候不在，讓你感到不可預測及困惑，你就有可能發展出焦慮型的依附模式。

如果你是在一個以務實為目的和有效解決問題的家庭長大，而不是以問題作為分享情緒和提供安撫及支持的機會，這樣你將來跟伴侶連結的方式是有距離的，可以解決問題、分享理念，但很少揭露自己的情感。當你的伴侶強烈渴望情感溝通和親密感時，這可能會導致你們之間起衝突。長此以往，彼此關係的冷漠和持續的疏遠，將導致你和伴侶傾向於避免情感親密。

相反的，如果你的父母彼此間以及和你之間都呈現情感上的親近，同時有衝突出現時可以知道如何處理，你有可能會易於找尋這樣的情感親密，而且也能理性地善於得到這樣的關係。你所找尋的伴侶是渴望且有能力與你維持親密關係的。

▋主題八：處理失落▋

在童年或是青少年時期，你家裡有沒有任何失落的經驗？有人離開人世嗎？有沒有分離或是離婚事件發生？這些事件可以公開談論嗎？在處理時，你有沒有得到支持？

如果在小時候，你經驗到任何依附關係中的失落，這些失落可能破壞了你的安全感，以及你對其他依附關係保有恆久性的信念。例如母親去世了，或是母親跟父親離婚了，她沒有天天與你在一起；一種矛盾的心情出

現，你也許緊抓著父親不放，害怕再度失去，或者為了保護自己不要再有
其他失落出現，你會避免跟他有情感的親近。

　　長大後，如果你童年時所經驗到的失落，沒有公開地與你的依附照顧
者得到解決，同時也獲得他們提供的支持，你會很容易在人際關係裡出現
問題。如果父母其中一位或兩位都認為讓失落事件得過且過，好像沒發生
過，你就得依靠自己奮力去經歷和整合你的失落。其強度和對自我意識的
威脅，足以讓你筋疲力竭，而害怕或拒絕進入強烈情感的狀態。

　　如果你的童年經歷了巨大的失落，而且那時候並沒有得到良好支持，
成年後對重要關係感到安全的能力，也許會有缺陷。你會給自己一種虛假
的安全感，感覺到你是可以防止以後的失落，因而你變得更加操控；或是
更疏離和遠離人際關係，這樣子，就算關係結束了，也不至於那麼受傷。

　　假如你在經歷嚴重失落時，有穩固可依附的父、母或他人給予積極情
感支持，讓你可以去哀悼你的失落，你就有發展情感復原力的機會，學會
處理失落。這將助長你在長大後有能力進入健康的人際關係。

▌主題九：創傷事件處理 ▌

　　你曾經發生過任何創傷事件（高度壓力）嗎？是父母或是其他重要成
　　人所引發的嗎？你當時是如何處理這些事件？父母或其他重要成人有
　　協助你處理嗎？

　　雖然在童年時失去依附關係肯定對心理有傷害，但還有其他事件的發
生也同樣會造成傷害。其中包括了虐待、嚴重的事故或疾病、與家人的重
大分離、被背叛、被拒絕或是由家庭以外的人所造成的打擊。如果你所依
附的人是你的創傷來源，例如小時候在家裡受到虐待和疏忽，在創傷的處
理及解決部分將會特別的困難。如果是依附者傷害你，你的信任感會受到

嚴重損害，經常導致出現紊亂型依附模式，而你就會彌漫著羞愧和恐懼。如果你的依附者並沒有給予你安全感，你就必須靠自己提供。

家庭傷害的結果，經常都會採用抗拒型依附或是焦慮型依附的策略。雖然基本上你是用自主型依附模式與人連結，但當你遇到某些引發你過去創傷的事件，你會有強烈的情緒或是揮之不去的煩擾念頭。過去的記憶可能會受到目前某些情緒、事件、感受或是活動所引發，使你無法持續致力於維持健康的關係。

如果在特殊的狀況下，導致你原本正常的人際關係變得緊張和失調，你可能要停下來，反思你在這些困難狀態中出現的模式，看看自己是否可以在過去及現在之間做出連結。這樣的覺察，是幫助你找到方式，減少過去創傷對目前人際關係影響的首要之路。

▌主題十：與其他成人有重要關係▐

除了你的直系親屬外，是否有其他大人在某些重要時刻會照顧你？有沒有一位大人花時間陪伴你，讓你可以從中學習，甚至還可以感到被重視，使你對自己及生活感覺良好？這些關係使你改變你與父母關係的意義嗎？

把你的目光從你的家人那裡稍微轉移，集中在你童年的其他重要關係。如果你能夠確認出其他重要關係，你可以仔細思考它們對你的發展產生了什麼影響。那些成年人能幫助你對於父母跟你和你的世界連結時的想法、感覺和行為有著另一種觀點。這讓你對自己生活的意義得到更多豐富的看法，並幫助你發現自己的獨特、優良的素質，是與父母有所不同或他們所沒有看到的。

在你的發展過程中，有著一些其他成人的參與，你就不會僅限於父母

關係的影響。事實上,人生自始至終的人際關係都有可能影響你之後的人際關係。如果你與朋友有著健康的關係,這可能有利於你跟伴侶的關係,反之亦然。雖然你受到過去影響,但你不是被過去所決定的。如果你對新的關係真心開啟,可以讓你帶著新的意義及關係能力走向未來。

▶▶▶ 重新體驗過去

　　我們經常被告知不要自找麻煩,過去已經過去了。我第一個回應是,麻煩可能會在出其不意的時間被喚醒。較好喚醒它的時機,是當你有照顧它和馴服它能力的時候。第二,我會說如果過去是留在過去,我們就不必要關注它。可是,過去一直影響著我們,最好是訓練自己以現在來詮釋過去的意義。

　　是的,過去還是存在於目前,也因為如此,過去可以加以修正、深化並給予新的意義。我們不可能改變過去的事件,但是我們可以改變我們賦予它們的意義。藉由改變其意義,我們可以改變那些過去的事件對我們目前的影響。在這樣影響改變的歷程中,我們經常發現我們對過去有著解放和新的感覺,對目前以及未來人際關係帶來希望。

▌案例▌

　　莎倫,女,29 歲,正處於自我批判、工作缺乏滿足感,及與伴侶關係的掙扎中。對事物失去興趣,不想與人交往,不到兩、三個月就離開一段伴侶關係。雖然過去的歲月裡,她期望可以跟媽媽親近,但她所記得的童年是很單調的。她的母親是教授,經常忙於她的研究工作和學生。她的父母在她七歲的時候離婚,雖然她有保持與父親的聯繫,但並不頻繁,她

覺得她對父親而言並不重要，而隨後得出的結論是父親對她來說也不重要。

　　莎倫認識了一位跟她同年齡的朋友梅琳達，她在大型建築公司工作，就在莎倫隔壁的辦公室。當她們越來越熟識之後，莎倫更加敞開自己和放鬆，自在地談論她的興趣及夢想、過去的歷史及奮鬥過程。莎倫不曾有過像梅琳達這樣的朋友。她覺得被梅琳達所接納，她可以說任何她想說的，而不會感到被評斷。她會告訴梅琳達一些她從不會告訴任何人的事。她談到了自己最近戀愛關係出現的問題。她告訴梅琳達她懷疑自己與男性親近的能力，在之前她只是認為自己沒有找到「合適」的對象而已。她也承認自己一直在工作時覺得被監視，受到批判。她對梅琳達無所不談——她的疑慮、不足之處和種種一切，而梅琳達還是她的朋友。

　　在她們的對話中，莎倫常常對梅琳達的回應感到迷惑。梅琳達似乎認為莎倫所描述的關係問題是很平常的，是與他人發展較親密關係初期階段所必要的磨合。梅琳達認為當莎倫的潛在伴侶表達跟她不同時，也許是一種更加坦然和共享的跡象，而不是在批評她和認為她是錯的。梅琳達淡淡地推測：莎倫對潛在伴侶的不確定性，與她跟父親缺乏有意義的關係有關。莎倫心想或許梅琳達是對的，但她從來沒想過這一點。莎倫認為自己跟父親的關係只是失望而已，從來沒有真正的意識到父女關係會對她目前生活有影響。她一直認為父親對她的漠不關心，她早已不介意。

　　梅琳達還提到，她曾看過莎倫在辦公室的一些工作表現讓人驚豔，有時會聽到別人欣賞莎倫的說法，認為她是公司的資產。起初，莎倫以為梅琳達只是想讓她感覺良好，編造同事的看法說給她聽。沒想到跟莎倫合作了兩項重要工作計畫的夥伴斯坦，也認為她對他們的工作有重大貢獻。而莎倫卻覺得自己可能拖延了他們的工作，好像別人的讚美莎倫都充耳不聞。

梅琳達也和莎倫談到一些關於自己的疑慮。當梅琳達還小的時候,她的父母都極度忙於工作,建立事業。梅琳達很多時候是跟奶奶一起,她放學後,經常到奶奶家吃飯。梅琳達在青少年期時有過多次與父母衝突,直到大學之後,她才開始感到真正的與父母親近,體會到他們的愛與支持。有一個週末,她的母親含著淚水跟梅琳達談到,過去很多時候,當她工作到很晚時,她看著梅琳達的照片,覺得很懊悔,她無法留在家裡陪她寫功課、為她準備晚餐,和教她如何做飯。在這之後,梅琳達對父母的做法開始有些理解。她和父親從來沒有像跟媽媽如此談話過,可是她不再懷疑自己跟父親之間的關係。她知道,父親對她的愛就如同媽媽對她的愛一般強烈,部分是因為媽媽曾經告訴她有關父親的故事。

莎倫和梅琳達不只是談到彼此的擔憂及顧慮,而且共享許多輕鬆時光、擁有共同興趣。莎倫反省梅琳達對她在人際關係及工作的看法,讓她找到自己。透過梅琳達,莎倫在生活上不安的地方,可以獲得新的洞察。過去的記憶,涉及到與媽媽有關的事件不斷湧現。莎倫想起,當她和媽媽意見不同時,她總覺得自己是錯的,媽媽是對的。如果她跟媽媽在某些重要事情上有不同意見時,例如,莎倫決定進修建築而不是歷史(這是媽媽的偏愛),她常常覺得媽媽會對她失望。她認為除非她贊同媽媽,否則媽媽不會喜歡她。莎倫意識到,她要避免衝突,而且試圖去討好媽媽,可是她從來都不覺得自己成功做到。對她的媽媽和彼此間的關係有著這樣的想法並不好受,只要她所選擇的與媽媽不同,都讓她覺得背叛了媽媽。她總是羨慕媽媽在事業上的成功,媽媽似乎是無可挑剔的。她相信,媽媽希望她是最好的,從過去到現在都是,可是莎倫現在看到,這是媽媽的需要,確保自己為女兒做了最好的安排,但卻使莎倫在自我批判及目標達成中,動搖了自己的信心。

漸漸地,莎倫開始比較媽媽和梅琳達在衝突、自信和自我價值上所持

的觀點。莎倫越來越覺得她跟媽媽之間缺乏情感親近和共享，是來自於媽媽對她的操控，和要求她符合媽媽的需求，而不是莎倫的自私和不足。媽媽對莎倫的失望，主要跟媽媽對什麼是對女兒適合的，及女兒該負什麼責任的狹隘觀點有關。

　　莎倫慢慢意識到與潛在伴侶意見的分歧，未必是表示拒絕或是失望。她也了解到她的自我價值感是依賴於母親的認同（幾乎是很少發生），這已轉移到她的工作上，她經常要從他人那兒找尋能力的肯定，以致影響她的表現，而且並不關注自己完成工作的成就感。她也意識到就算是別人給予肯定，她也不會在意！當莎倫想到跟父親的關係疏離，她回憶起在童年和青少年時期，父親沒有打電話給她，或是信守諾言來跟她見面。她認為父親在拒絕她，讓她感到莫大的悲痛，而她也乾脆停止去感覺那痛苦，她說服自己說這沒有什麼大不了。現在她允許自己可以去感覺，雖然她快要三十歲，她還是感覺到二十年前那被拒絕的痛苦。同時也感到很生氣。她認為自己值得過得更好！她並沒有在身為女兒部分讓父親失望，那是他作為父親本身的失敗。

　　當莎倫開始對過去與父母的關係給予新的意義，以及了解過去的關係是如何影響到那個時候及現在的她時，她也開始看見這與她目前的人際關係和工作表現之間的連結。她就更能意識到賦予目前事件其他不同意義的可能性。當一位日漸熟稔的男性向她表達對事件的不同觀點時，她會深吸一口氣，問他為何有此想法。在考量到他的回應之後，她才進一步澄清自己的觀點。隨著時間過去，這樣的做法讓她可以有時候用對方的方式去看事情，有時則是對方用她的觀點來看，雖然看法有所不同，但對方仍然很喜歡跟她一起！他們的關係是可以包容不同的看法。而當莎倫不再專注於她的同事對她工作表現的看法，而是更多在工作本身，她發現效率更高。她變得越來越意識到自己與人互動的效果。這樣的覺察，使她對同事的建

設性評論更加開放。縱然聽到別人對自己的讚美，對莎倫來說是一件很陌生的事，並不總是愉快地接受，但也讓她在工作上進一步增進自己的信心和自在。

　　這個有關莎倫改變的故事，雖然在現實生活裡並不如描述中容易實現，但是，是有可能的。當一個成人對他們過去的事件和他們如何經歷該事件可以有所覺察，改變就會發生。當他們越來越了解自己在事件中所體驗到的，也較不會把過去事件僵化地與現在連結一起。

　　對我們過去的重要關係有這樣開放的新意義，通常是受到當前重要人際關係所促進的。當莎倫感到被梅琳達所接納和喜歡，就對梅琳達和兩人之間的關係有更多的開放。莎倫變得可以分享自己的疑慮和擔心，而且能夠接納梅琳達的回饋，敞開自己。當莎倫與梅琳達對話時，她感覺自己的反應是不同的，尤其對照自己與媽媽類似的對話時（更多時候與媽媽是沒有這樣的對話），當中感覺是不一樣的。因此，莎倫有一個領悟，過去與父母的關係是如何影響到她的現在。莎倫現在比之前更覺察到她自己的生命故事，變得更整合，明顯的有方法去改寫過去及現在事件的意義。

))) 了解所有事件的意義 ─────────────

　　研究依附關係特質的人有此結論：如果你了解自己生命事件中的意義（對你最有影響力的人際關係特質），然後發展出一個故事，那是經整理過和有不同元素交織在一起的，你會處在最好的位置來發展健康的人際關係。透過了解自己跟父母及其他照顧者，還有老師、良師益友間的關係特質，我們可以了解自己目前人際關係的特色。我們就更能意識到自己的能

力和親密關係的挑戰。這些意識層面包括：我們對關係中的喜歡和不喜歡、如何與他人互動，以及我們希望他人如何跟自己互動等。從這樣的覺察中，我們可以制定最佳的行動途徑，指引我們發展和維持目前的關係。

讓我們假設你跟父親有相處上的問題。想像他與你連結的方式是批判的，很少支持。他很少主動跟你互動，而且和你一起時，似乎很敷衍。你會如何回應？這裡有一些可能性：

- 你會躲著他，轉向母親以獲得你的所需。
- 你花了很大工夫來取悅他，但往往都讓你感到失望。
- 迫使他注意到你的唯一方式，就是頻繁地跟他起衝突，而且都奏效。
- 你試圖在學校或社區與其他人發展關係。
- 你通常會貶低你對依靠他人的需求，並且貶抑你的感情生活。

你對父親的看法是什麼？這裡有一些選項：

- 你認為爸爸是一位好父親，但他很忙，忙著賺錢養家，所以沒有時間陪伴你。
- 你認為父親會覺得你是懶散、糟糕、愚蠢或能力不足的。
- 你認為男人都像你父親，且預估他們都會用同樣方式對待你。
- 你認為父親很差勁，對你不公平。你把生活中大部分的問題都歸咎於他。
- 你很少想到父親或跟他的關係。你試圖說服自己，父親在你的生活中並不重要。

讓我們假設你已經理解到你跟父親關係的特徵，而且發展出一個有組織的故事，看起來像這樣：

回想與父親相處的情形，記得很多時候是痛苦的，而且只有少許愉快的時刻（如果曾經有的話）。透過以下的解釋，你理解到他和你連結的方式：

- 與他人建立關係（尤其是跟孩子們），對父親來說是有困難的。
- 父親有一個艱苦的童年，特別是他的父親對他總是批評和拒絕。
- 父親主要的快樂來源是工作、興趣和朋友，不是他的孩子。
- 處理衝突和表達情緒對父親而言是困難的。
- 父親或許想跟你親近，可是他不知道怎麼做，而且好像也避免去想如何做到。

以下的看法，讓你理解到父親的行為對你各方面發展的影響：

- 你較傾向自我批評，並且自我懷疑。
- 你傾向於過度挑剔他人，特別注意自己的缺點，不能接受自己的優點。
- 你常變得難過和容易氣餒。
- 你傾向於避免衝突或是對衝突有強烈的回應。
- 你傾向於高估或低估關係的發展。
- 你傾向於避免情緒上的感受，偏向理性分析。

最後，我們假設你已經解決了你和父親之間的問題，你在目前關係上採用了某些運作方式，而發展出一個自主型依附模式：

- 你已經注意到上述的傾向，你可以有自我反思，並且減少過去對你目前關係的影響。
- 你自我反思到其他重要人物是如何與你連結，和你父親有所不同，利用這樣的覺察，給自己信心，知道自己在關係中可付出什麼。

- 你已經了解到衝突的意義，而且知道如何處理才不會破壞關係。
- 你已經想到你要的關係是什麼，而且不斷增進你的能力，同時也減少你的質疑。
- 你學會了抑制你在與父親關係中發展出來的防衛方式，並且在與朋友和伴侶的關係中保持開放的新體驗。

　　雖然這例子給人的印象可能是看似簡單的，實際操練並不容易，然而，它可以作為一個寶貴的指南，讓我們知道如何做出最佳努力，以建立健康的人際關係。能夠面對我們過去的困難事件，同時又可以處理隨之而來的強烈情緒，讓我們在目前與他人連結時，可以發展出看待自己長處和短處的實在看法，並且了解我們在有意義的人際關係中尋求什麼。開放地思考那些重要的過去事件是一種挑戰，以便我們能夠發展新的意義，成為我們建立目前健康人際關係的指南。

　　我們在理解自己的過去時所面臨的挑戰，通常來自於有困難去看到那些與自己父母或其他人在我們發展中具有重大意義的事件。我們也許會覺得對自己有養育之恩的父母採負向看法，是自私或是不敬。或當我們開始回憶起過去有關父親的事件，再次感到羞愧或害怕，使我們很難用新的觀點去反思那些事件。如此一來我們就束縛了我們的記憶，而且限制了它們可作為我們當前關係的指引。或許當初太強烈的情緒狀態：害怕、絕望或憤怒，造成我們逃避它們，或強迫性地想著它們，以至於這樣的困擾阻礙了目前良好的生活，而沒有注意到自己有新的機會與他人連結。如果我們不能從過去的事件中做出反思和學習，我們會有重蹈覆轍的危機。

　　總而言之，你過去的故事是真實的存在，你可以對應新的想法，特別是在新的關係中有新的體驗。了解你的自傳故事是重要的，因為它協助你看到你的過去關係是如何影響到你現在的關係，而現在不一樣的關係又如

何影響你對過去關係的看法。這結果將為你新的人際關係提供最大的潛力，以滿足你的情感和心理需求。

現在也許是一個好時機，回到你對本章前面所介紹十個自傳主題的回答。

想想看你和父母其中一方的關係。再想一下你目前生活中的一段重要關係。當你與你的父母一起（或其他成人，見第 10 題）時，以及和現今生活中的某人在一起時，想一下，兩者之間的相似性和差異性。

1. 你是如何分享正向情感？
2. 你是如何分享脆弱情感？
3. 你是如何處理生氣？
4. 你是如何處理衝突？
5. 你是如何看待差異？
6. 父母（或主要照顧者）的管教方式是如何？
7. 你跟家人是親近，還是疏離？
8. 如果你經驗到失落，你有得到支持嗎？
9. 你有過創傷嗎？在處理上有獲得支持嗎？
10. 有其他對你而言很重要的成人嗎？

你的童年依附關係和目前生活的重要人際關係，一定會有相似之處。如果有所不同，你認為是什麼導致的？

再想想那些早年和父母關係的事件，你會賦予那些過去事件什麼意義？還有其他可能的意義嗎？如果你接受了一個新的看法來解釋過去的事

件，你認為這會改變你現今生活中與人連結的方式嗎？是什麼樣的方式？
為什麼你認為會有改變？

　　是的，我們的自傳故事，特別是關於我們的依附關係史，對於影響我
們目前和未來的人際關係扮演重要角色。其強度和重要性的程度是銘印在
我們大腦的結果。我們大腦的結構和功能確保我們的人際關係，對我們的
生活極為重要。我們的大腦是專為發展和維持我們的人際關係，當我們的
大腦處在最佳狀態時，我們的人際關係也會變得最好。所以我們再一次向
內看——這次是進入我們的大腦，去了解大腦如何運作以增進我們的人際
關係。

了解你的大腦
和神經生理

現在，你也許會被序言中「你是誰？」這三個字的意義所吸引住。這本書會持續邀請你花大量時間專注在自己身上，好讓你更好地發展健康的人際關係技巧。不管你相信與否，你的大腦神經，就如同你的自傳一樣，決定了你在人際關係中的表現。是的，如果你讓大腦發展出有組織的結構和相關的功能，你會驚訝地發現自己在健康的人際關係中有此配備。

》》》大腦的社會互動系統

我們首先要介紹的是自主神經系統，以及它如何掌管我們與世界的互動。這系統開始於腦幹和它延伸到身體各部位的神經迴路，特別是心臟、肺部和內臟。它是無意識地工作，主要是處理我們的呼吸、心跳、消化、流汗和性喚起的工作，如果要等待我們命令它才做，那就花太多時

間。這系統決定你是否要動員起來，更確切地說，它讓你心跳和呼吸頻率
增加、降低你對食物的消化能力；或是讓你不動，降低你的心率和呼吸，
並增加你的消化系統的活動。

當你感到不安全而且覺得要做出一些行動來確保安全時，你的心跳和
呼吸增加，為你做好攻擊或是逃跑的準備；或者你盡可能保持不動，你的
心跳和呼吸會降低，希望經由隱藏自己來保住安全；又或者保持警覺待狀
況明朗時才做出最佳行動。當你啟動攻擊（動員迴路激發）或逃跑（停滯
不動迴路激發，又稱為「靜止和注意」的迴路）這兩種防禦方式，目的是
為了盡可能保護好自己。當你處在防衛模式時，你的大腦必須對他人敏
感，且以保護自己為最高原則來與他人互動，這時候發展出健康人際關係
的運作模式就會失去功能！因為在防衛時，你的大腦集中注意力在自我保
護上，你只會注意到對方是否危害於你，其他訊息一概忽略。

現在，讓我們假設你處於安全狀態的時候，另一個自主神經系統的迴
路（這系統比較接近停滯不動迴路）會被激發，這迴路的主要作用是讓你
與他人的關係得以成功地開始和維持下去。無怪乎，以大量研究大腦系統
著稱的神經心理學家 Stephen Porges，指稱這迴路為「社會互動系統」
（social engagement system）。當這神經迴路被激發時（仍然跟我們的心臟、
肺部和腸胃連結），你是開放和連結的（open and engaged），不是防衛的。
當你在開放和連結時，你會敏感到別人細微的線索，而且準備好與對方以
理解、敏銳和合作的方式連結。

當在開放和連結的狀態時，你的社會互動系統會優先注意他人的聲音
和臉部表情。你會注意對方聲音的抑揚頓挫、停頓、節奏和強度變化等細
部意義。你也可以從對方臉部表情（特別是眼睛和嘴巴周遭）來捕捉變
化。此外，你也會更加意識他人的肢體動作。因此，當你在開放及連結狀
態時，你的感官動作技巧及相關的非語言（或身體）溝通是優先出現，幫

助你有能力與他人連結發展健康的關係。當你感到不安全時，你會做出防衛，你的主要感覺焦點將會提取威脅你的訊息，佔用感覺輸入的流量，阻礙你提取更廣泛的訊息，因此不利於進入和維持健康的人際關係。此外，當你在防衛時，你會優先收取另一人發出暗示威脅的訊號，而不會注意到其他對你和關係的正向訊號。

你會注意到當你跟朋友在一起很放鬆的時候，例如一起吃飯，你發現自己是用聊天的語調，有著不同的聲調和臉部表情，都是有節奏的，並且跟你朋友的表達是同步的。如果你現在正被一位研究人際關係的科學家觀察，這位科學家會注意到你頭部的動作和你朋友的動作是相互呼應的。你伸手抓頭髮時，瞬間朋友也在做同樣的動作，或是你的朋友變換姿勢時你也會跟著隨之而調整，一旁觀察的科學家都笑了。這樣的同步並不奇怪，因為社會互動系統啟動了大腦的神經，連接了聲音表達和臉部表情，還有身體動作。當你與朋友在這種開放和連結的溝通狀態時，你們的表達很快就同步，以便理解彼此。在你的心智意識到你朋友的想法之前，你的身體會預先告訴你。你是安全的，你也會注意到你朋友的身體表達正是呈現她也感到安全。看到那樣，你會感到和她一起是更安全的，而她和你在一起時也是如此。

讓我們進一步深入你的大腦，看看它是如何為人際關係而設計。如上所述，最佳啟動開放和連結的心智活動的途徑、最有效的健康人際關係的心智狀態，就是與對方在一起時可以感到安全。要如何得到最佳的安全感？那就是**接納**！是的，當你感到被朋友接納，而不是被評價，你就可以更容易維持開放和連結而不是防衛。接納使你感到自在，你不用小心翼翼，深怕做得不好。你可以很自在地表達你的想法、感覺和期待，而不會被評斷。你的朋友也同樣如此。當你呈現接納她，她會感到安全，從而對你開放和連結。

　　所有健康的人際關係的核心就是接納，不批判。你與人互動只要專注在分享想法及興趣，而不是評價別人的想法或哪些行為該「改進」。一旦進入評價的狀態，你或你的朋友就會陷入防衛性的心智狀態，限制了真心分享和彼此陪伴的能力。傳達接納他人的最好方式，就是用你全方位的抑揚頓挫和充滿節奏的聲音，還有臉部表情來表達你自己。當你限制了這樣全方位的表達，你的聲音變得單調，或你的臉部表情顯得嚴肅木訥，別人開始感到你是在評價他。難怪訓誡或是主動提供建議沒有多大效果；就算是有效，那也只是應付應付罷了的防衛方式。

　　當然，健康的人際關係必須要有容許評論的空間。當你朋友的某些行為確實讓你難以接受，你對此表達自己看法，會被認為是在評論他。你知道評論會帶來關係的緊張，所以你會壓抑自己不要去表達，除非你認為這行為對你們的關係有著巨大的威脅。這樣的評論是有必要的，而太多時候一般人因為害怕關係緊張，往往會避而不談，但長期隱忍的弊端更大。

　　很多時候，互動溝通是在接納，而不是在評論他人，當要去接納卻必須做出「評論」時，也許會在關係上產生緊張，但從長遠來看對關係才是有利的。並且，最佳的評論，是把重點放在他人的行為上，不是你對他人行為背後的想法、感覺、動機的評論。如果他人認為你對他的內在狀態（例如：動機）有負面看法，比起只是單純行為的評論，更容易引起防衛。

　　例如你的朋友爽約，你可以對他（不帶批判地）說：「你沒來，我很失望，因為你說好要來，可是你沒有，發生了什麼事嗎？」你的朋友很可能會道歉，並且給予理由和嘗試修復對你們關係造成的傷害。但是，想像一下，如果你的評論包含了對朋友動機的推測：「我覺得很失望，因為你說好要來，但是你沒有。你根本不重視我們的友誼。」如果你做出這樣的評價，你的朋友也許就不想跟你道歉或是修復關係。

　　你也許會想我所指的只有負向的評論，可是這裡我所說的也包括了正向的評論，或者是讚美。當你讚美另一個人的時候，他有可能會變得有點防衛。因為如果你這次正向地評價他，下次也有可能負向地評價他；或者他會認為你的讚美，是在暗示著對他的期待，要他一直都要有相同的能力。他會覺得如果他出了差錯或是心情不好，你是不是就不會接納他。如果他相信你之所以跟他一起是因為他總是表現好，他就不容易感到他這個人是可以被接納的。

　　當然，讚美你的朋友是很重要的。只是，最好把小部分的表達放在讚美上，而把大部分放在傳達你的接納。而且最好是自然地表達你的讚美，帶著興致勃勃，而不是用獨白式的評斷。你的讚美只是單純反映你的高興，和分享對他這個人一些特質的欣賞。最佳表達讚美的方式，是不帶附加條件。如果你讚美的目的，是想要引發朋友再次呈現同樣的行為，你的朋友很可能不做回應或是防衛性地回應你。

　　你瞧，在你大腦裡的社會互動系統是為了安全、有意義以及愉悅的關係而設定。當你跟朋友互動時是開放和連結的，你的友誼就很容易深遠。你在傳達朋友對你是重要的、你對他以及他的分享是感興趣的，以及你跟他的互動是全然地與他同在。

》》從「我」到「我們」

　　在過去二十五年裡，我們對人類大腦的理解有了長足的進步，那是利用新的技術進行了廣泛研究的結果。Daniel Siegel 和 Allan Schore 都是在加州大學洛杉磯分校研究這方面的專家。他們提出了一個新的研究領域，稱為人際神經生理學（interpersonal neurobiology）。全面研究大腦如何工作

的結果，表明了前面所說的：「大腦是專為人際關係而設定的。」健康的人際關係不只是在我們生活中帶來巨大的快樂來源，也對我們大腦和心智發展至關重要。這裡，依循 Siegel 的說法，我們認為心智是代表大腦中發生的能量和訊息的流動。在 Siegel 的書《人際關係與大腦的奧秘》（*The Developing Mind*，中文版由洪葉文化出版），發表了很多研究結果，表明健康的人際關係對大腦塑造是至關重要，協助大腦發揮最佳功能，而且有意識地從身體、心智和關係中整合。[1] 沒有互惠、開放和連結的關係與我們分享觀點和經驗，我們也就無法獲得來自人際關係裡的廣泛知識。

Siegel 談到在個人、家庭、文化和社會的發展中，從**我**到**我們**的關鍵性變化。我們是群居的生物，當我們以最佳的方式發展社會技能時，我們不只是生存，而且是茁壯。在**我們**的狀態中，你的內在：包括了你的想法、情緒、意圖、價值、觀念、記憶和信念，與你的伴侶或朋友的內在狀態結合一起，使得共同關注的理解可以更大更深。這樣的關係是相互的，彼此影響。你們彼此在分享的事件上，帶來一些東西，也從中拿走了更多。你們共同理解到的，遠比個別了解、不分享還要多更多。是的，你有大腦神經系統，專為健康的人際關係而設定。

Siegel 提出了大腦中有「共鳴迴路」（resonance circuitry）的看法，讓你跟朋友能夠感應、同步，你的身體和心靈深深了解到對方的感受，就像他的身體和心靈了解到你的經驗一樣。這迴路包含有前額葉皮質和前扣帶皮質，這個大腦區域在你的思維和情感、對方的思維和情感、他的和你的想法及情感之間建立橋樑作用，在所有方面整合起來，產生了你對朋友的同理與情感。這迴路是被相關的神經系統所增強的，稱為鏡像神經元，當你覺察到其他人的行為意圖並想要回應時，讓你的心智可以與對方的心智

1. D. J. Siegel, *The developing mind: How relationships and the brain interact to shape who we are* (2nd ed.) (New York: Guilford Press, 2011).

產生共鳴（你的朋友在抓他的頭，你發現自己也同樣跟著做；你的朋友表現出悲傷，你也在經歷類似的悲傷）。前扣帶皮質，特別是在一個專門的區域稱為腦島，讓你產生對朋友的經驗有直覺和同理的能力。進一步連接到杏仁核、海馬迴和丘腦，給我們的關係帶來了豐富的情感元素。所有這些區域都被神經傳導物，例如催產素（產生靠近的欲望）和多巴胺（來自靠近時引起快樂）所激發和維持。

說了好多有關這些神經迴路和區域的事。它們有什麼重要？它們是用來確保我們需要和享受健康的人際關係所設計，如果我們想擁有一個有意義、愉快和整合的人生，就必須具備這些。研究告訴我們健康的人際關係是互惠的，就是互相分享和替換輪流。健康的人際關係對雙方的關係都是有意義的，兩者都對關係做出有價值的貢獻。這些人際關係包含了情感和同理。每個人的個別經驗是被接納和重視，不是因為要聽話和服從。一個人的社會情緒經驗無關「對」與「錯」。

▎互為主體：從嬰幼兒到老年 ▎

大腦的共鳴迴路，在父母與嬰幼兒的互動中是顯而易見的，它們是同步的。他們的非語言表達：發出的聲音、臉部表情、手勢、動作等，有著舞蹈般的獨特性。這一系列的互動被稱為「調和的舞蹈」（dance of attunement），**調和**指的是情緒狀態的非語言表達彼此同步。

健康的人際關係在所有年齡層都包含了同樣的特徵。當非語言表達有好長一段時間是一致地發展和呈現，伴侶彼此間會看起來很相像，他們的動作同步、心靈互通、了解彼此需求。在這樣的關係中，差距很少。我們有理由相信，這樣的伴侶無論在大腦的結構和功能上，隨著歲月的增長是越來越相像。

對這樣調和的舞蹈，有一個更完善的用語來描述親子間和任何年齡層

的人這種親密連結，稱為**互為主體**（intersubjectivity）。互為主體指的是情感調和，有著共同關注和目標。首先，兩人會有興趣和專注在一件對他們有所意義的事件上（可能是共同的記憶、一人告知另一人的故事、他們的關係、一位生病友人的狀況、一起看過的電影、一首歌、一朵花，或是一位路過的陌生人頭上的帽子），是受到兩人的共同關注，而且影響著兩人（無論影響深淺，例如大至共同友人的健康狀況，或輕至路人甲的帽子）。

　　除了調和以及共同關注，互為主體還指的是有一共同目標，兩人在一起和一起做事為的是彼此分享。這共同的目標，可以反映在活動裡的合作，或把彼此的興趣、技能和能量帶到活動。這共同的目標，無論一起在做什麼，通常會帶來更多的意義、愉悅和成功的結果。當共同的目標就是在一起，一起分享事情、享受在一起的陪伴或是一起學習，很明顯的，這樣的關係對彼此都有價值。彼此對關係都有貢獻，而且一個人愉悅的事物是另一人愉悅的關鍵。當感覺不到同調時，兩人各自專注在不同的事物，或他們在一起時有不同的動機，互為主體就不存在。在這種狀況下，關係就很難有進一步的發展。事實上，如果一個人的興趣和動機被重視但另一方的卻被忽略，或一人是主導而另一人是順從，或兩人長久以來都沒有互為主體的互動，關係也許很難維持。

　　互為主體經驗對健康人際關係有重要的價值，因為就互為主體的定義，知道兩人的經驗都是重要的、被注意到，且對另一人和關係都有影響，因而產生了安全的意識。兩人一起對彼此都有貢獻和有益處。雙方一致的調和感創造了親密的情感體驗，是帶著深刻的快樂和意義。

　　互為主體的經驗，促進了大腦中的社會情緒區域的發展（前額葉和前扣帶迴皮質）。安全感得到確保，因為有著深度覺察，意識到我們的心智與過去經驗相關，沒有一方是對或錯。所有經驗都是有價值的，也由於每個體驗帶來了對事件的另一角度看法，促進你和伴侶都有更明確和全面的

了解。

　　當一個人親近伴侶或朋友，分享一些興奮和愉悅的、或悲傷和不安的事情時，往往是關係中一方正在尋求互為主體的經驗。當覺得被朋友了解，在情緒經驗上就不會感到孤單。這樣的互為主體狀態，興奮和愉快經常被增強，而擔憂和悲傷會被減輕。一起把焦點放在事情上，增加了對事件的理解，相對地會得到更全面的見解和客觀的看待。有共同的目標，通常會製造更大的希望感和信心，或對過去發生事件有一種完整感。

▌整合的大腦▐

　　當我們把開放和連結的理解，與我們所知道的共鳴迴路結合，關係中的瞬間互動，就會達到重要的了解。如果你接近朋友的方式是開放和連結的方式，但你的朋友卻用防衛的方式，基於我們傾向與他人的情感狀態產生共鳴的天性，很快地，你們要不都可以對彼此開放和連結，要不然都出現防衛。因為你的狀態牽引著你的朋友，反之亦然。

　　值得注意的是，你們很可能變得防衛而不是開放和連結。如果你是防衛的（也就是你正感到不安全），而當你缺乏安全感時，就會引發你朋友相似的威脅。安全需求總是優先於開放和連結的需求。

　　那麼該怎麼辦？這需要有點技巧，如果你能對正在發生的事情維持覺察，注意到你的朋友在自我防衛，你就可以抑制你想要防衛的傾向，並且努力保持開放和連結。經由反思你的朋友、他的防衛和現狀，你也許可以意識到你仍然是安全的，不需要做出防衛。透過抑制你的防衛傾向，而且保持開放和連結，你的朋友漸漸地了解到他是安全的，並且不需要防衛。這會觸發他有類似的做法，以開放和連結與你互動。這是第一時刻，也是重要時刻——抑制你想要防衛的傾向。你有能力覺察正在發生的事情（在下一章我們會有更深入的探討），結果就會有所不同。

也許你會問，當你的朋友是如此對待你時，如何發展出抑制自己防衛傾向的能力？只需要訓練和強化你的背外側前額葉皮質發展。你要如何做到呢？透過你人生中曾經擁有的健康人際關係，還有當你跟他人一起時，發展維持高度的覺察能力。請放心，開始永不嫌遲。當你用大腦本來就該用的方式來使用它，今後的歲月中，你的大腦會很容易做出反應和加強。

● 案例

羅伯和戴安娜已經約會了幾個月，在他們共進午餐、等待餐點上桌時，羅伯問戴安娜星期五晚上是否要一起去看電影。戴安娜表示她很想，只是那天晚上已經有約。

羅　伯：（有點不高興。）這是妳第二次拒絕我的邀請。如果妳不想要再見我，我會希望妳直接告訴我。我是成人，可以了解。

戴安娜：（很快與他的不高興連結。）我剛只是說星期五我很忙。你不要以為我們約會了一段時間，就要我符合你的期待，把所有空閒時間都給你。

羅　伯：妳現在是說我太過操控。我想我是對的，妳在找理由不要跟我在一起，妳不需要編造理由，可以直接告訴我。

戴安娜：我沒有編造任何理由。在這之前我從來沒有想過你是太過操控，不過現在，我覺得你是。

羅伯的防衛和對質引發了戴安娜的防衛反應。如果羅伯用開放和連結的方式處理他對戴安娜的疑慮，很可能她會用類似的方式回應他。

羅　伯：這是妳第二次說不，我在擔心妳可能想要結束我們的關係。

戴安娜：一點也不是，羅伯。我非常享受我們在一起的時間。我真的很希望我沒有其他事，這樣我就可以跟你一起去看電影。

羅　伯：我是有點不安。妳對我非常重要，希望妳能理解我的顧慮。

戴安娜：沒問題。你只是不太了解我，看不到我也有不安全的時候。

　　或如果戴安娜能夠抑制她對羅伯的防衛，他也許可以對他自己內在狀態變得開放和連結。

羅　伯：（有點不高興。）這是妳第二次拒絕我的邀請。如果妳不想要
　　　　再見我，我會希望妳直接告訴我。我是成人，可以了解。

戴安娜：羅伯，如果我讓你有任何想要結束我們的關係的感覺，我很抱
　　　　歉。我一點也沒有這樣的想法。

羅　伯：謝謝妳！只是有時候我會感到不安。妳對我非常重要。

戴安娜：聽到你這樣說，真的很開心，我是說，我對你非常重要這句
　　　　話。當然，告知我你的不安也是很好，因為我也一樣會有。

▌兩個大腦在一起▐

　　下次你的伴侶或朋友問你想要從關係中獲得什麼，你也許這樣回答：「事實上我希望我們的前扣帶迴和前額葉皮質同步發展，有著類似的組織結構和功能，當我們在一起時，我們的杏仁核引發了彼此靠近的渴望，我們都可以產生快樂，而且我們在一起時，我們的腦島和鏡像神經元很活絡。最後，當我們生活在一起分享經驗時，我真的很期待來自我們伏隔核的快感一起激發，在我們大腦內，傳遞令人愉快的多巴胺之流。」

　　除非你是神經科學的怪胎，不然你會覺得前面的說法有點過頭，不過那是事實。我也真的跟我的好朋友 Jon Baylin，被認為是大腦科學的粉絲，一起寫了一本有關這方面的書，叫做《激發腦部潛能的親職教育》（*Brain-Based Parenting*），焦點放在大腦系統，雖然主要是增進親職能力，但

書中的結論對所有重要的人際關係也都有效。[2]

　　在父母的大腦內有著五個系統，一旦被激發可以讓父母從事良好的育兒達數月或數年。這些系統和孩子大腦的五個系統是很類似的，可以讓孩子跟父母發展出安全的依附關係。這些系統包括了前面描述過的大腦區域，它們是：

- **靠近**系統：跟你渴望與父母／孩子在一起有關，這是受到催產素和幾種有關的神經傳導物質所激發。
- **報償**系統：跟你的父母／孩子互動時會帶來快樂，和多巴胺的釋放有關。
- **孩子閱讀**（或**父母閱讀**）系統：喚起對父母／孩子深厚的興趣，你更敏銳注意他的表達，因此也更能了解他。
- **意義形成**系統：會帶領你去看到你跟孩子／父母的關係意義和價值，而且在你特殊的互動狀態下也可看見。
- **執行**系統：透過你能不畏艱苦，獨具慧眼在長遠目標，使得你全面了解並維持住關係（好好養育你的孩子和維持長久的關係）。

　　這五個重要系統真是讓人著迷，當它們發揮與他人同步時，就進入工作效率最佳狀態。這些系統和大腦區域的活化是相互影響的。當你的孩子對你沒有回應，你很難去啟動這些系統，讓你可以靠近你的孩子、經驗到互動中的愉悅、對孩子產生興趣、看見互動和關係裡的正向意義，並且能夠持續長久的關係。相對的如果父母沒有回應孩子依附的需求，孩子同樣很難啟動系統，在朋友或伴侶關係上亦然，這就是為什麼本書要提到這些系統。當你為你的重要關係帶來能量、喜悅和魅力時，正是與你的朋友或

---

2. D. Hughes and J. Baylin, *Brain-based parenting: The neuroscience of caregiving for healthy attachment* (New York: W. W. Norton, 2012).

伴侶有類似匹配，你的大腦是在最佳的工作狀態，而你們的連結是最好的。

▋男女大腦▋

　　雖然女性和男性的大腦大部分很類似，但它們仍有一些差異存在，會影響健康人際關係的發展。[3]

　　一般來說，女性傾向對他人有較多的理解、同理和體會。這跟女性比男性有較高值的雌激素和催產素有關。催產素往往會增加我們對他人眼睛周圍的臉部表情的敏感度，讓我們更能夠準確地閱讀他人的情緒。

　　男性大腦比較用「單側」方式，意思是說男性傾向在一個瞬間用大腦的右側或左側，而女性則在同一時間使用雙邊大腦。這使得男性大腦較有效率、專精，而女性大腦則是比較整合性和較有能力「處理多重任務」。當然這也跟女性胼胝體後部比較大有關，導致更有效率「傳遞」左右大腦的訊息。

　　女性的前扣帶迴比男性大，再一次支持女性傾向關注和切合他人的情緒狀態。

　　女性的海馬迴充滿了雌激素的受體，比男性的還要大。這導致在人際關係上的社會記憶和情境記憶更有利。

　　男性的杏仁核比女性要大。杏仁核充滿了雄激素受體，增加準備對狀況做出果斷、侵略和競爭的反應。

　　雖然知道這些傾向，以及了解它們對我們人際關係的優勢、弱勢的特殊貢獻也很重要，但是要謹記，它們只是傾向，不要把它們拿來作為關係失敗的藉口。

---

3. 我的朋友及同事 Jon Baylin 對這方面的知識有很多的貢獻。

))) 以 PACE 促進社會互動系統 ——————————

現在我們已經了解到大腦和社會互動系統，下一步就是要把這些運用於建立健康的人際關係。我們如何保持開放和連結，而不是在防衛？我相信，關鍵在於能夠對他人保持平靜的覺察，同時抑制任何防衛的反應。為了更加充分了解這個論述，我們可以想想看，自己是如何與嬰幼兒連結。

嬰幼兒是感官和情緒的生物。成人主要透過自己的和他們的動作和情緒同步，來與他們連結和溝通。我們了解到嬰幼兒發展中，安全感的重要性，如果我們要幫助他們感到安全，我們自己本身就得保持開放和連結，如此我們對他們的陪伴將會更有效。

回想當我的孩子還是嬰幼兒時，我是如何與他們在一起，我知道我的陪伴有四大特點：好玩（playfulness）、接納（acceptance）、好奇（curiosity）和同理（empathy），簡稱為 PACE。它可以幫助我們在發展和維持我們重要的關係上，探索這些特點所扮演的角色。

在細看 PACE 的功能以前，我們先簡單介紹它們是如何激發和整合大腦區域，這對社會互動系統的持續運作是至關重要的。**好玩**，首要是讓我們體驗到樂趣，在人際關係中有著正向的驚喜體驗，它產生多巴胺，並促進人際關係的樂趣。好玩與**接納**結合一起，神經心理學家 Stephen Porges 指出接納是引發社會互動系統的基本態度，當我們跟朋友或伴侶互動時，提供杏仁核有一個正向的經驗。**好奇**，是使杏仁核平靜下來，鼓勵海馬迴允許我們理解目前的狀態，然後顳葉發揮作用，如前面所提到的鏡像神經元，讓我們經驗到我們的朋友要表達的是什麼。好奇心也會激發背外側前額葉皮質，幫助我們覺察自己和伴侶的內在狀態，最後，**同理**涉及了我們前額葉皮質各方面的活化，伴隨著前扣帶皮質內的腦島（在這裡我們可以

感覺到他人的內在狀態）一起。當同理與好奇相結合時，我們大腦的情感和反思部分都參與其中，讓我們在與伴侶連結時，能夠保持更佳的開放和連結。

▌好玩▐

　　當你專注地陪伴著你的小嬰兒時，你會比平常更充滿活力，用較多的肢體動作和臉部表情，你的聲調會升高，而且話語所表達的抑揚頓挫和節奏是日常生活中不會出現的。如果你的孩子沒有回應，或者把目光轉到別的地方，你遊玩的樂趣就會大大降低；若孩子給你暗示：他想要再次與你一起玩，你就會繼續給予。

　　在所有年齡層，好玩傳達了一種希望感和樂觀，讓你的關係帶進未來。它傳遞了與另一人在一起的愉悅，傳達了一種安全和親密的輕鬆感，但同時也傳遞了你對關係的正向意義。而在煩惱的時候好玩並不明顯，但當困難過去後會再出現，呈現了關係仍然存在，帶來和以往同樣的樂趣與愉悅。當在狀況好的時候，沒有這樣的好玩經驗作為後盾，在關係中壓力出現時就會更為困難，有時會讓關係陷入危機中。

　　好玩並不是指在困難的時刻說說笑話，為的是讓另一人可以轉移他的煩惱。好玩在低潮時會自然發生，流露你們的契合，產生了一種輕鬆的安全和愉悅感，是持續互動的後盾。

● 案例

　　珠蒂告訴安妮最近跟男友發生衝突的事，與過去她跟其他人的衝突類似。安妮同理她的朋友，並表達出她感同身受，她緊握住珠蒂的手。珠蒂不假思索向安妮訴說：

珠蒂：安妮，幫我了解一下，老實說，為什麼我們要那麼努力地跟來自
　　　另一星球的男人相處？

安妮：妳想要長話還是短說？

珠蒂：給我短說。

安妮：為了促進星際對話。

珠蒂：那長話？

安妮：為了活化妳的前額葉皮質和前扣帶迴皮質，因此我們的大腦才能
　　　獲得最完整的發展，就像那本無聊的人際關係書所說的，那是一
　　　個男人寫的。

珠蒂：也許去學一道新的食譜會比較好。

▎接納 ▎

　　通常接納自己小寶寶的每一個特質是那麼容易。接納的態度使你可以
與你的小寶寶在做任何事上保持開放和連結，你會用同步的方式做出回
應，而不會努力想要改變他。相應地，你的小寶寶在你的陪伴中始終感到
安全，可以自在地表達衝動和有意的動作。隨著孩子的發展，你一定會開
始評價他的行為，這是社會化的一部分。然而，繼續全然接受你孩子的內
在狀態、抑制你對他行為的評價是明智的，這對你和孩子的關係還有他們
的心理發展都會有利。

　　健康人際關係中的安全感，不論關係好壞，是經由接納所促成的。如
果你知道你的朋友是評價你的行為，而不是你這個人的內在狀態，這樣的
評價和衝突會較容易處理和解決。因為你的朋友只是對你的行為失望而不
是對你這個人，你會比較容易開放地跟朋友說出你的困難。

　　同樣地，當你和朋友可以接納彼此的想法和情緒，你就較能分享和深
入彼此的想法與情緒經驗。當所分享的想法與情緒是被接納時，就會從表
面的互動轉移到有意義的關係互動，讓彼此關係更加深厚。

　　接納的價值不僅在彼此溝通情感的能力，而且是準備好意識自己內在各種情緒的能力。如果你在氣你的朋友，但不願承認你其實也氣自己，你就不能用你的生氣情緒作為指南，引領你了解跟朋友目前的經驗狀態，也不太能使用最佳的方式讓你跟朋友可以持續未來的關係。接納你的內在狀態，使你能夠更容易覺察你的內在，並且利用這樣的覺察來引導你未來的選擇及行為。

● 案例

　　艾比在辦公室辛苦工作了一天，正和另一半布倫特一起共進晚餐。

艾　比：每天做著同樣性質的工作，有時候，真讓我覺得筋疲力盡。像是，這到底有什麼意義？快樂在哪裡？真想搬去南太平洋的大溪地，享受那裡的生活，早上起來只要去釣魚和採椰子。

布倫特：好美的想法！經歷一天之後，我可以了解，為什麼大溪地會如此吸引妳。

艾　比：當我真的精力耗盡時，我可以找個鳳梨充當甜點。

布倫特：那麼我會建一個沙堡，大到當我們有盛宴時可以坐得下。

艾　比：多棒的想像！讓我們努力，還清車子和房子貸款，還有把孩子送進哈佛大學之後，然後去實現它。

布倫特：一言為定！

　　他們笑著，把他們的夢想轉向孩子的未來和等待著他們奔赴的冒險。艾比覺得心情好多了，而她的工作看起來也比較有意義和少一點壓力。她的內在狀態和她的表達得到布倫特的接納，功成身退。

　　想像另一段不同的對話，艾比的想法和感覺以及夢想都得不到布倫特的接納：

艾　比：每天做著同樣性質的工作，有時候，真讓我覺得筋疲力盡。像
　　　　是，這到底有什麼意義？快樂在哪裡？真想搬去南太平洋的大
　　　　溪地，享受那裡的生活，早上起來只要去釣魚和採椰子。

布倫特：妳大概是對這星期的工作覺得厭倦了。

艾　比：我想試試看。

布倫特：很好！可是我認為，如果想要達成我們的目標，最好先處理好妳
　　　　要承擔的責任。

艾　比：也許我們應該改變我們的目標。

布倫特：這是不可能的事。青春大夢早在十年前已經結束了，我們不是
　　　　年輕小夥子。

艾　比：謝謝提醒。這真的讓我覺得自己很幸運，我是那麼的「成熟」
　　　　和「負責任」。

　　在這個例子中，布倫特並不接納艾比所表達的想法、感覺和想像，他
的反應似乎是說，艾比正在告知他，她快要徹底改變（就像是艾比已經開
始做出要搬去大溪地的行動，而沒有先聽他的看法和得到他的同意）。布
倫特在提醒艾比回到現實生活中的責任，他在批評艾比的內在狀態。艾比
對目前生活的挫折只留下了孤單感，她的責任只是一種負擔，她對未來與
孩子的生活沒有注入意義和積極的夢想。

　　當我們經驗到接納自己生活上任何負面想法、感覺或期待時，我們更
能積極地面對生活。對自己負面想法和感覺加以質疑，往往讓我們滿腦子
充滿了負面的生活面貌，無法有任何空間留給正面的生活面貌。

▌好奇▌

　　一旦你開始接納自己和朋友的內在狀態，你就處在好奇的狀態而不是
批判。如果你評斷自己的想法和感覺是「錯的」、「自私」或是「壞的」，

你就不太可能覺察它們。或者你注意到自己的內在狀態，但你對它們的負向評價導致你只會想辦法消除它們，而不是讓你去了解它們。對自己的情緒抱持不評斷的一般態度，有助於你更理解自己的情緒，以及它們在你生命故事中的由來，還有人們對你的看法和對你目前人際關係的影響。在此時此刻的狀況裡，持續同樣的好奇心態，使得你更能反思目前發生了什麼，從而可以把事件弄清楚，而不是只是不加思索地習性反應。先理解那生氣意味著什麼，為什麼會對你的朋友所說的或所做的變得生氣？（當然，除非你很清楚，你的朋友是在侵犯你。）

● 案例

　　大衛是一名獸醫，他開業已超過三年，他對自己目前的工作越來越不滿意。他跟他的夥伴理查談到有關他的挫折：

大衛：我一點都不喜歡進辦公室工作。想到未來三十五年，我得持續做同樣的工作，讓我覺得人生無趣。

理查：你認為目前工作最難的地方是什麼？

大衛：這重要嗎？我還是非工作不可。我要還清所有貸款，如果要增加收入，我就得再回學校進修，這根本是不可能發生的事。

理查：可是，如果你了解你不喜歡的是什麼，才……

大衛：我發現如果老是想著我不喜歡，只會讓我更糟糕。我們談別的事吧。

　　在這個例子中，大衛並沒有對自己工作困難的經驗感到好奇，他深信因為他沒有任何選擇，所以只能繼續工作，要找出為何他對工作那麼不滿意只是浪費時間。持續工作的信念讓他感到負面。想像如果他採取另一個方式，重視他的內在經驗而不是只想知道如何解決目前工作問題。

大衛：我一點都不喜歡進辦公室工作。想到未來三十五年，我得持續做
　　　同樣的工作，讓我覺得人生無趣。

理查：你認為目前工作最難的地方是什麼？

大衛：說真的，我也不知道。當我找出那些動物生病的原因，而且為牠
　　　們做最好的治療時，我還是會覺得很滿足。

理查：當你無法幫到那些動物，而且牠們病情更糟甚至死亡，你會感到
　　　難過嗎？

大衛：沒錯，那真的是很難過，但並不是問題所在。我知道我不可能創
　　　造奇蹟，但是幫助那些主人臨終照顧和減少動物的痛苦仍然是讓
　　　人欣慰的。我想我的問題比較是……當那些主人看起來並不在乎
　　　他們寵物的樣子。就是這個！甚至更糟糕的，當那些主人的行徑
　　　會讓動物受到傷害，而且又不肯改變他們的行為……，我比他們
　　　更像寵物的主人！

理查：關於這樣的狀況，你可以做什麼嗎？

大衛：對某一些主人是做不到，但也許其他人可以做到。也許我可以開
　　　一些寵物照顧的課程！甚至是堅持如果主人想要我治療他們的動
　　　物，他們就要參加定期的講座，為了他們的寵物好。當然，我也
　　　許會失去一些顧客。但或許我可以找到方式，讓更多的主人更了
　　　解和參與他們的寵物護理。讓我想想看！

理查：看起來未來三十五年似乎不會那麼絕望了。

大衛：也許是呢！事實上我現在覺得有更多選擇，而且更了解到是什麼
　　　困擾著我……我似乎很喜歡為農場的動物工作。也許是因為我所
　　　服務的一些農民，他們對動物的健康有著真正的投入。讓我想想
　　　看，也許跟這些農民一起工作有更多的價值。甚至發展一個專
　　　業，是對農民有價值的。我有很多的想法想要做。

對於未知，保持完全開放的立場，是我對好奇心的建議，能加深你的自我意識，引導你發現問題或衝突的其他途徑。好奇，對你的問題或想法不會帶來限制，也許會讓你的人際關係或你的生活比起目前的做法更讓人滿意。

▌同理▌

同理，指的是你的內在狀態如何跟你朋友的連結一起，是緊跟在互動中的理解而來，只是單純的接納，而不加以評價。同理讓你能夠在朋友的困擾中與他同在，給予支持，讓你的朋友可以更有效地處理他的困擾。當惱人的情緒得到調節，你就比較容易去反思問題的來龍去脈及未來的因應之道。同理也可以是針對自己的困擾情緒，同樣的，你可以接納自己內在所有的掙扎與挑戰，不批評自己，只是單純的接納。

同理結合了你對朋友的經驗以及他們對自己的經驗，能加深你對朋友的了解（光靠理智是無法做到的），也加深你對朋友的情緒狀態的感受，從而表達讓他知道你真的了解他。因為同理包含了反思和情感元素，又有明確一致的語言和非語言溝通，往往是最好的溝通。

同理與好奇心結合，能幫助你的朋友透過與你在一起的反思，使得他對問題的意義有所理解，並經驗到你的情感支持，以及你對他充滿了接納，凡此種種都會讓對方感到心安。也許你會發現對一些朋友，你稍稍表達你的同理就足夠他們進一步思考他們的問題，進而得到解決；而對另一些朋友，用你的同理加上好奇，更能幫助他們述說他們的故事。

● 案例

當凱倫和她的姊姊講完了電話之後，她感到有一點兒沮喪。她告訴她的丈夫提姆，她的姊姊暑假不能陪她去歐洲旅行了，那是她們在半年前就

計畫好的。

情境一（提姆對這狀況給予評斷和建議）：

凱倫：她給我三個理由為什麼她不能去，我想我可以理解。

提姆：好過分啊！不管她的理由是什麼，她應該努力排除萬難跟妳去歐洲。她知道這對妳來說多麼的重要。她就是只想到自己。

凱倫：提姆，你太為難她了。她也對取消這旅行感到很不好意思。她不斷道歉。

提姆：道歉有多容易，要努力做到才是。

凱倫：她的確有試，而且她盡力了。

提姆：何不我們三個人坐下來好好看一下有什麼其他的選擇。我可以找出一些可行的做法。

凱倫：不用了，提姆，謝謝你，這是於事無補的。

提姆：好吧，似乎在過去幾年她已經漸漸忘掉了有妳這個妹妹。也許她該學習不要把妳視為理所當然。

凱倫：你把她形容得很可怕的樣子，提姆。她是我的姊姊，而且我很了解她這個人。事情已經發生，我們是可以解決這個問題的。我們是彼此關心的姊妹。

提姆：就算是這樣，那也不應該都是妳在付出，她只是予取予求。

凱倫：讓我們改變話題好了，這對我並沒有任何幫助。

情境二（提姆對凱倫表達他的同理。當他可以了解凱倫的難過時，她可以對她所想做的有些釐清）：

凱倫：她給我三個理由為什麼她不能去，我想我可以理解。

提姆：這對妳來說一定不好受！我知道妳對這次旅行有多麼的期待。

凱倫：我花了好多時間在網路上找出我們可以去的景點。

提姆：妳一定覺得很失望！

凱倫：我覺得這是一次難得的機會，讓我可以再次和她親近。就像是我們以前在大學念書時一樣。

提姆：所以這不只是一趟旅行，這是有關妳跟姊姊的關係。她對你是很重要的，妳希望可以再次與她一起分享很多美好的經驗。

凱倫：是呀！我真的是這樣想！她向來不只是我的姊姊，而且是我最好的朋友，我希望我們可以再次擁有那種感覺。

提姆：對妳來說，她是如此的特別。

凱倫：是呀，她真的是。我們都會想要找回過去我們擁有過的。我們一定要找到方法重溫過去的經驗。我們必須找到方法，回到過去那種感覺。去不去歐洲不是問題。

提姆：我聽到妳有多想與她一起的心聲。而我也相信妳會找到方法的。

　　提姆只是用同理心回應，幫助凱倫表達和發洩她的難過，了解為何改變了計畫是那麼的令她沮喪，而且可以開始想如何解決。如果提姆用問很多問題和給予建議來回應她的難過，凱倫也許無法好好去處理她的苦惱和思考她未來可行的方式。體驗和溝通同理往往是我們的伴侶在苦惱時最主要的幫助。

練習

　　在任何人際關係中，維持社會互動系統遠遠重於活化防衛系統，讓我們能夠以最佳的方式處理歧見或挑戰（假設我們沒有面臨任何身體上的危險，若有立即的人身危險，防衛仍是必需的）。

回想一次你跟伴侶或朋友在一起時，當你聽到他（她）做了一些似乎對你不在乎的事情時，你出現了防衛的方式，是否反映了你對他（她）而言是不重要的。回憶一下，你的朋友是如何防衛地反應，而且之後衝突是如何逐步擴大。

- 你認為是什麼讓你變得如此防衛？
- 當你跟朋友一起時，他對你所做的行為，你有個人的理解，想想你要如何對他保持開放和連結。
- 想像他會有什麼不同的反應。

想像有一次當你的朋友或伴侶跟你接觸時，他是在防衛狀態，而你也用自我防衛的方式回應。

- 想像你會如何抑制你想要防衛的企圖，而用了開放和連結的方式做出反應。
- 你認為接下來的談話會有不同的發展嗎？

回想最近一次，當你和伴侶在一起，有著開放和連結。記得當你是連結時，你對伴侶的開放就像是你對自己一樣（這就是互為主體）。當想到那個時候或是最近有類似的狀態，反思這個經驗，是否有以下的特徵：

- 好玩
- 接納
- 好奇
- 同理

想像一個不同的狀態，你和伴侶一起時，你在避免導致更大的衝突。想像你和伴侶討論時，沒有出現防衛，以 PACE（好玩、接納、好奇、同

理）來反思，並且思考一下這些態度特徵是否可以幫助你更有效地協助面對你們的差異。當你和你的伴侶一起時，嘗試用好玩、接納、好奇、同理與你的伴侶連結。之後仔細想想這些特徵是否有幫助。

　　最後，我要提出七種心智活動，研究已發現這對大腦的功能和創造均衡的生活有所幫助，從而優化我們在健康人際關係上的連結。假如每天都有操練這些活動，對你的心智、身體和人際關係技巧的發展很有幫助。

心理健康拼盤：七種日常重要的心智活動，優化腦部物質和創造幸福

專注時間	當我們緊密地聚焦在一個明確的任務時，我們接受了挑戰，使我們的大腦有著深入的連結。
好玩時間	當我們允許自己自發性或有創意、有樂趣地享受新經驗，可以幫助我們的大腦有新的連結。
連結時間	當我們與他人連結時，理想上是親自面對面，而且當我們花時間去欣賞我們與自己周遭自然世界的連結，我們就活化和增強了我們大腦的關係迴路。
身體時間	當我們活動我們的身體，或做有氧運動，如果沒有特殊病症問題，在許多方面可強化大腦。
內省時間	當我們靜靜地反思自己的內在，把焦點放在感官、意象、感覺和想法，有助於整合我們的大腦。
停止運作	當我們處在不用專注的時候，沒有任何特定目標，只讓我們心靈漫步或是放鬆，我們就在幫助大腦充電。
睡眠時間	當我們給大腦需要的休息，就可以鞏固學習和從一天的經歷中恢復過來。

建立你的
反思能力

在這一章和下一章，我會著眼在人們兩種主要能力：想法和感受，它們是相輔相成的。**反思功能**（reflective functioning）反映了你的思維度和你對自己以及他人的內在狀態：想法、情緒、期望、記憶、意圖、觀點、價值觀和信念等等的關注度。

反思功能指的是我們腦海裡在想**什麼**；**情緒功能**（emotional functioning），指的是我們**如何**去想。你的情緒功能反映的是你與某人在溝通上，決定要靠近或是逃離、喜歡或是不喜歡。的確，我們所有欲望的強度和複雜度都是我們情緒功能的一部分。我們的情緒可能被粗略地分為正向或負向、快樂或痛苦的兩種狀態（雖然在這兩種狀態範圍內會有許多變化，有時候會混在一起，也許可以調節或是失調）。你的情緒功能是受到你的反思功能所增強，反之亦然，反思功能也會影響情緒功能。當它們與你的日常功能整合時，你的人際關係就更健康。

　　例如：你意識到你在難過，因為你的朋友不想和你去看電影，這就是你的反思功能的一個實例。假使你知道你的難過比你預期的更為強烈，而且含有恐懼的成分，你之所以意識到如此強烈，因為你的朋友已經不只一次拒絕你的邀請，你害怕你的朋友不再那麼喜歡你了。

　　你的情緒功能是指你的悲傷本身，與害怕失去關係的強度和性質相關。你的情緒表達了你對事件的體會（你的朋友拒絕你的邀請），它們代表你首先在評估該事件是否是你在意的。如果你的情緒是強烈的、頻繁的，或兩者皆是，它們在告知我們應該更深入地反思這事件，以理解事件對我們的意義，讓我們可以更明確地與我們的伴侶去討論這事件，好更進一步增進彼此關係。

　　本章的重點聚焦在你的反思功能特色，而下一章會審視你的情緒功能。由於它們相輔相成，本章和下一章不免會有重疊之處。

》》》關係運作的反思

　　首先，我會以廣角方式來概述人際關係，以便了解個人的模式和偏好。不管是與認識的人、朋友、我們的孩子或是我們的伴侶，反思我們在關係中所要求的是什麼。一旦我們意識到我們要的是怎麼樣的友誼，就會指引我們決定怎麼樣的人作為朋友是讓我們感到滿意的。當我們有覺知和積極地發展友誼，始終保持對我們所希望的友誼有著清晰的想法，就促進了人際關係的成功。相較於我們有反思及積極地選擇的友誼，為了環境、利益或不得不的情況下發展的友誼，或為了要維持友誼而需要做出強烈的界線畫清或妥協，是較容易失敗的。

▎關係對我的意義是什麼？▎

首先要注意我們在人際關係中所期待的是什麼？對我們生活的重要性如何？在我們人生目標中扮演什麼的角色？在我們生活的哪一部分尤其珍貴？以下一些問題，不妨自問在關係中你所期待的是什麼：

在安全和冒險兩者中，你想要的是均衡，還是其中一個比另一個多？

在人際關係中，你想要以討論實際問題為主或以分享情緒為主？或是兩者兼顧？

在人際關係中，你尊重彼此各自不同的興趣，還是強調要有共同興趣？或是兩者的平衡？

在與另一人的關係中，你想要對方是強烈獨立或依賴你？或是介於兩者之間？

在與某一人的關係中，你想要對方是很喜歡跟你講話，或是安靜地聽你說？或是在這兩者之間？

在關係中，你希望對方是一個開放、善於表達情感的人，或是沉默的人？

在關係中，你想要與一個容易吐露自己內在狀態的人一起，或是與一個保留的人一起？或介於兩者之間？

你期待的伴侶，對方是放鬆隨和的，或對方是積極和高成就的？還是介於這兩者之間？

▎我在關係中的樣貌▎

一旦我們衡量到自己對人際關係的首選是什麼，接下來很重要的是，了解我們在關係中自己是如何運作。我們的長處和弱點是什麼？我們在自

己的人際關係中，有多開放及連結？而且有多願意跟自己和他人承認自己所犯的錯誤？反思自己的弱點並不是一件容易的事，但如果我們想要避免衝突和確實修復衝突之後彼此的關係，我們就必須要做出這樣的檢視。如果我們不能認清自己的錯誤，在彼此的關係中每當對方表達不滿時，我們很可能會變得防衛。思考以下的問題，對我們在這方面的了解是有幫助的：

　　我是為了朋友或伴侶的利益做出犧牲？還是在自己方便時才願意幫忙？

　　衝突發生時，通常我會指責我的朋友或伴侶？還是我願意承認有時我也有錯？

　　我喜歡依賴伴侶和朋友嗎？或喜歡他們依賴我嗎？

　　我佔有慾和嫉妒心強嗎？

　　當我對伴侶或朋友的行為感到失望，我會認為他是出於惡意，並且做出反擊的動作？或是我認為他的行動可能是出於好意，只不過是我不喜歡？我會忽略，或我試著不做任何假設，直接去問他來確認？

　　我試著去了解我的朋友或伴侶的處境，我關心他如同關心我自己一樣？

　　為了害怕破壞彼此關係，我會避免衝突？或是我會直接指出問題，目的是為了深化彼此關係？

　　我對朋友或伴侶的行為不符合我的期待時，我不會溝通，但會很氣他？

　　我會假設：我喜歡的，我的朋友或伴侶也會喜歡，當他（她）不領情時，我會生氣？

▎我如何對他人反思？▎

　　最後一點：最重要的是，我們有多想深入的了解正在關係中的另一方？我們願意放多少能量在嘗試了解朋友或伴侶的內在狀態，而且試著不要對他的行為作出回應，直到我們了解對方行為背後的想法、感覺、動機。以下這些問題幫助你思考：

　　　　我常注意到我的朋友或伴侶的想法、感覺或行動的非語言表達嗎？

　　　　我是否與朋友或伴侶求證過我對他們內在的猜想是否正確？

　　　　我經常推測他（她）所做的事，而沒有獲得對方的確認？

　　　　我了解他（她）的內在嗎？

　　　　當我的朋友或伴侶敘述他（她）的想法、感覺及他（她）的夢想時，我會有興趣聆聽嗎？

　　　　我會問我的朋友或伴侶有關他（她）的想法、感覺和意圖嗎？我對他（她）的反應感興趣嗎？

● 案例

　　愛德華喜歡有野心、精力充沛、願意長時間投入工作的女性。因為這些女性都有獨立的想法、依靠自己的能力，並且採取主動而不會依賴他人協助。而且會對他開放地表達渴望與他一起，是有自信的，並不會壓抑她們的情感、想法和期望。

　　當愛德華被這類型女性吸引的同時，卻也很容易變得沮喪和不滿意這樣的關係。他開始覺得這類女性有點自私。她似乎很堅持兩人該花多少時間在一起，以及如何度過在一起的時間，不願意妥協。愛德華開始認為對方對他並沒有真感情，而且覺得他對她來說並不那麼的重要。

　　如果愛德華沒有對他的異性關係做深入的反思，比起那些女性，他更要負起隨之而來的關係挫敗責任。在表面上，他似乎單純想要一位強而獨立的女性，但在深層裡，也許他是害怕那些女性會依賴他和對他有期望。也許愛德華一部分對獨立開放的女性情有獨鍾，是因為他可以依靠她，可是他不能接受自己有這種特質，不想感到自己是依賴別人的，因為那表示他是弱者、不夠優秀。實際上，愛德華可能想要一位獨立女性，她的生活重心會在他周圍、認可他的優點及能力，並且願意為了他而放棄一切。然後他就可以在外過著獨立的生活，而內在暗地裡可以依靠著她。怪不得愛德華常會對他的關係感到不滿意。他是不容易找到這樣的獨立女性，看起來可以依賴他，為他放棄很多，不會成為他的負擔的同時又可以讓他依賴她，並且假裝他並不依靠她。

　　如果愛德華可以反思他是誰，他也許會發現他想要在情感上彼此可依賴的伴侶。他也許得承認，無論是對自己或伴侶，他期待安全和舒適的家庭生活，遠超過他想要的高度成就。了解到自己是如此，他就能夠找尋一個女性，看來可以跟他分享這樣的目標，直接溝通這些想法，深入交往。

▍特定關係的反思▍

　　反思每一個我們所重視的人際關係也是同樣重要。我們必須要問在關係中對方的獨特素質，是如何契合我們對人際關係的期待。如果特殊關係中的獨特素質是與我們普通的關係不同，這些特殊關係是如何發展，而且為什麼會維持著？這裡有一些問題值得我們反思：

　　　　我喜歡或不喜歡這份關係中的什麼？
　　　　在這關係中，為什麼我會這樣做，說出這樣的話語？
　　　　這個人對我有多重要？為什麼這個人這麼重要？

這個人跟我其他重要關係中的人是相似或是不同？

這些相似或是不同會讓我們的關係更滿意，或是更有挑戰？還是兩者都有？

在這層面上，我有多重視維持這份關係？我對這關係有多投入？

要深入這關係和增加我的承諾，對我有多重要？

這個人怎麼看待我們的關係？

他（她）對我們彼此的關係有什麼感覺？

在我們的關係中，他（她）想要的是什麼？

● 案例

達琳有個美滿的童年。她的父母都是成功的專業人士，而且積極地教養三個孩子。達琳從來沒想過會得不到愛、支持和教導。現在她在一所優秀的大學裡工作，未來的生活可能與她的父母大致相似。找一個伴侶建立自己的家庭，這也是她目前尚未完成的目標。

達琳曾經和幾位她覺得滿意的男士約會，有些是她的大學同事，而有些則是和她父母同樣領域的專業人士。這些男士和她一起時有很多共同之處，包括他們也有像她想要的生活方式的渴望。有幾個看起來很理想，可是她猶豫了。不錯，他們是很體貼細心、事業有成又會支持她的工作。為什麼她會猶豫？是她太挑剔，一定要找到完美的伴侶嗎？

有一天她遇到了加文。他似乎有點不一樣，雖然達琳說不出所以然。他不像其他一些男士如此的成功，他是一位高中老師，而且他認為這一生就是從事這項工作。比起其他男性，他似乎沒有他們細心、體貼或支持。他比他們甚至多了一些細微、令人懊惱的習慣。但她為什麼會被他吸引？她感到疑惑並反思這狀態。作為一名教授，她對自己的直覺沒有信心。

在一個星期日的傍晚，她和加文在她父母家晚餐後，她終於了解到，

當她跟他在一起時，他的表達讓她感受到某種程度的放鬆和溫暖，就像她父母之間的關係一樣。感覺是如此的吸引人和舒服，跟他在一起，讓她想到自己的父母是如何的相愛和互重。不是他的個性像她的父親，也不是她像她的母親。不是，是有更多微妙和內涵在其中。她的父母一起相處時可以做自己，帶著全然的接納感，不用隱藏彼此的想法和感覺。她希望有一天跟伴侶在一起也有著這樣的關係。她之前模糊地意識到自己的期待，而現在，遇到加文，她不再疑慮了。

　　達琳習慣反思自己的內在狀態，而因她的覺察，通常讓她成功地理解朋友的內在狀態。如果她沒有反思她和那些男士的相處，她很可能會選擇一個擁有多項理想特質的伴侶。或她也可能會注意到他們沒有她喜歡的放鬆、溫暖，可是會說服自己這特質並不那麼重要，她也許就會決定與先前那位成功、細心和支持她的工作的男士交往。加文不會是她的理想人選，因為他財務上的成功程度並沒有達到她所喜歡的那樣高。這些都是選擇一位伴侶的重要條件。可是達琳的猶豫不決展現出重要性，她為自己的選擇做出反思，而且進一步理解，最後做出了合適的決定。

▎在當下反思自己和他人▎

　　每一個關係建立的基礎，都是透過日復一日、時時刻刻的互動，及對我們在當下的影響而來。當我們可以全然地與他人在一起，而且意識到我們內在正在發生什麼，甚至感受到他人正在發生什麼，我們的人際關係就會更有意義和讓人滿足。當我們跟他人是開放和連結，而不是被其他事情所充塞，或把他人視為理所當然，我們的關係就更容易發展，而且衝突和誤會也較不容易發生。當我們在當下不太了解對方，而且以我們早期人際關係發展出來的習慣及假設來和伴侶連結，關係就開始失去意義。以下的問題也許可以幫助我們維持活力和深化關係：

與他人一起時，我的想法及感覺是什麼？

我所做的這件事我的動機是什麼？

我的伴侶的想法和感覺是什麼？

他（她）正在做的事情，背後的動機是什麼？

在剛才的衝突中，我扮演了什麼角色？

我們都想要做目前在做的事情嗎？如果不是，為什麼我們還在做？

如果他（她）說的是一件事，而且想要的似乎又是不同的，我會做出評斷還是不會？如果不會，為什麼？

我個人或是我們兩人，都覺得今天在一起是很無聊的嗎？這種發展模式，我們要去處理嗎？

我對伴侶某些事情會感到不滿意嗎？如果是，為什麼？如果這關係是重要的，而且我想要維持，是否有需要處理？

我享受跟伴侶相處的時間嗎？我會告訴他（她）嗎？如果沒有的話，為什麼不告訴他（她）？

● 案例

馬特和琳達已經一起生活了兩年，卻發現兩人的愛情在衰退中，並沒有像他們過去曾經有過的興奮和愉快。現在他們在一起時，經常覺得不滿意，可是他們也不知道為什麼。

琳達：嘿，既然我們今天下午都有空，你想到湖邊划獨木舟嗎？也許我們可以做午餐帶去？

馬特：今天不行。我打算去哈利那裡，幫他完成他的企劃案。他之前有提過他希望在這個週末工作，而且他的工作真的落後了很多。我

　　答應他我會過去幫忙。

琳達：再找其他時間幫他吧！最近我們都沒有兩個人在一起的時間。

　　在這情節中，琳達迫使馬特改變他的想法，而且給了他一個理由。如果她只是單純地表達她的期望，想要在兩人有空的時間，多花些時間在一起，他也許對她的要求會更開放。或如果琳達清楚表達，她想在馬特忙完了朋友的事之後，可以共處一段時間，他也許會好好地回應她，而不是無禮地說：

馬特：琳達，不要，謝謝。我已經告訴哈利，我會幫忙他。

　　馬特的快速回絕，沒有討論餘地，也沒有花更多時間回應琳達的期待，也許是因琳達要求他改變想法所引發的防衛。不過，如果馬特收到她的期待，說出他也很想花時間跟她一起，但主要是他先答應了哈利，也許她會有正向的反應。但她的回應反映了她的反彈：

琳達：我有個感覺，對你來說，哈利比我還重要。

　　琳達把談話帶到另一個稍微有挫折感的層次去，似乎兩人都感受到這一點。她假設馬特幫忙哈利的動機是馬特偏愛哈利，哈利就是比她更重要；這對琳達來說是象徵他們的關係已經破裂。她用生氣的方式來表達她的假設，使得馬特更難用開放的方式去回應她所做的評斷。他對琳達所推論的動機做出了防衛：

馬特：妳在說什麼？我已經答應他了。而且，我只是花幾個小時幫他而已！

琳達：也不情願花幾個小時跟我一起！

馬特：這跟妳沒有關係，琳達！為什麼妳要把它看成是針對妳？

現在兩個人都極度地防衛。沒有一個人做出任何的努力去理解另一方。琳達執意認為馬特不肯多給她幾個小時，而馬特則僵化在他對她的看法（來自馬特對她的惱怒）：為什麼琳達非要把他的行為認為是針對她個人。這肯定無法讓他們可以開放地討論他們的衝突。琳達進一步擴大了馬特幫朋友的意義：

琳達：你總是有理由不想要跟我在一起！今天是哈利，明天誰知道？你
　　　又會找什麼藉口？

對琳達以偏概全的批評（他和他的動機），馬特再次做出防衛反應：

馬特：這不公平！我們幾個星期前才花了一整個週末一起去登山！
琳達：我很自私，不想每月只有一次跟你在一起！
馬特：妳已經有很多次，不差這一個下午。
琳達：你也有很多次不想跟我一起去划獨木舟！
馬特：隨便妳怎麼說，琳達！不管怎樣，妳總是這個樣子！

琳達持續假設馬特花幾個小時跟他的朋友一起背後的負向動機。馬特防衛的反應變得更像琳達，他對琳達評斷他的動機，假設是有這回事，他也表達了以偏概全的看法（「不管怎樣，妳總是這個樣子！」）。

琳達：很好，馬特，所以現在都是我的錯！
馬特：至少不是我的錯！（琳達生氣地離開了房間。馬特則生氣地吃完
　　　了早餐。兩人都想問：為什麼他們從來都沒有注意到另一人真的
　　　是有多自私。）

衝突變成了責任歸咎的問題。雙方都相信是對方開啟了爭論。我們很多人也許會說這是琳達先開始的。馬特體驗到她的掌控狀態，而沒有注意

到琳達隱藏的焦慮:「伴侶若沒有花時間在一起,就表示她對他不重要」。他的防衛反應是可以理解,假使他可以對琳達維持開放和連結,他們就可以共同處理她的擔憂。如果琳達自我反思自己對此事的害怕和疑慮,也許她就可以和馬特用開放及連結的方式去處理。在這裡我們的目的不是要找出誰該為開啟爭執而被指責,而是要意識到這是給雙方的機會,可以早一點反思在互動時發生了什麼,使得衝突更容易解決。不管是誰先開始,如果雙方很快捲入自我防衛的漩渦,對話時就會不斷加深指責對方,升高衝突。

現在,讓我們重溫馬特和琳達之間的交流。在這次,琳達意識到自己的失望而沒有變成自我防衛。

琳達:嘿,既然我們今天下午都有空,你想到湖邊划獨木舟嗎?也許我們可以做午餐帶去?

馬特:今天不行。我打算去哈利那裡,幫他完成他的企劃案。他之前有提過他希望在這個週末工作,而且他的工作真的落後了很多。我答應他我會過去幫忙。

琳達:真糟糕!最近我們都沒有太多兩個人共處的時間。不如這樣,你在幫哈利時,我去準備晚餐?你回來時,我們可以一起吃飯,然後,如果你不覺得太累,也許我們可以一起去河邊散步。

馬特:好啊!我應該不會很累,因為那是「月光下的漫步」,意思就是我們會慢慢走。

琳達:你說對了!你要多慢都可以。月亮會慢慢上升,而河流也永遠都會在。

在這一段對話中,琳達克制了因失望而起的生氣,所以她不會有不耐煩,也沒有強烈建議馬特做什麼。接納他答應朋友的事實,然後向他說出

她期待跟他在一起。當他去幫哈利時，她樂意準備晚餐，而且建議之後可以一起有兩人共度的浪漫時刻，讓馬特較容易同意她的計畫。

　　讓我們再次重溫先前的對話。這次是馬特可以抑制他的自我防衛反應，維持開放的態度，協助琳達面對她的失望，而沒有同意她對他所期待的。

琳達：嘿，既然我們今天下午都有空，你想到湖邊划獨木舟嗎？也許我們可以做午餐帶去？

馬特：今天不行。我打算去哈利那裡，幫他完成他的企劃案。他之前有提過他希望在這個週末工作，而且他的工作真的落後了很多。我答應他我會過去幫忙。

琳達：再找其他時間幫他吧！最近我們都沒有兩個人在一起的時間。

馬特：喔，我都沒注意到，琳達，但我想妳是對的。在過去幾個星期裡，我們真的都沒有花時間在一起。

琳達：所以不如打電話給哈利，提議改一天？

　　馬特在回應琳達告訴他希望他怎麼做時，不會變得自我防衛，加上他對她期待的正向回應，使得琳達可以用請求的口吻，而不是用命令來表達她的期待。

馬特：琳達，我也很喜歡划獨木舟，可是，我覺得我應該幫忙哈利，因為我已經答應他了。不如在晚餐後，我們一起做些什麼，怎麼樣？

琳達：這方式我可以接受。也許我可以在你幫哈利的空檔，先準備晚餐。

　　再次，因馬特先維持開放和連結，沒有自我防衛，琳達能和他有共同的期待，找到在一起的時間，同時馬特可以如約幫忙朋友。

在這例子裡，當關係中的一方變得自我防衛，而另一方可以克制防衛方式的回應，就能夠讓關係中的一方脫離自我防衛狀態而變成開放和連結。假如琳達很少出現防衛，馬特也許僅是回應她的感受，她也許今天會有點難受，而不用處理。如果琳達習慣在失望時用防衛方式做出回應，那馬特最明智的做法是，跟她聊聊有關的狀況，這樣他就不會總是處在滅火狀態。

馬特：要不然你可以跟我一起去幫忙哈利，這樣我就可以早點完成（微笑著說）。我們就有多一點在一起的時間。

琳達：不如我在家裡準備晚餐，如何？（也微笑地回應）

當關係中一方在與另一方互動時，可以維持反思、高度的克制，前面的爭執就不會惡化。當兩個人都有反思，之前的爭執就轉化成良性的溝通，而且其實只是單純的接納和處理就可以。當雙方都沒有做出反思，日常的爭執常常惡化成衝突的開端，而最後使得關係破裂。

簡單來說，有著反思能力，我們就會在處理好自己的狀態、理解到自己之後，對行為（不管是口頭或是行動）做出反應，而且是對行為背後的意義做出回應。如果行為代表的是彼此的差異或衝突，比起一開始沒有先釐清，我們可以用更成功的方式來處理；倘若行為代表了看法的不同，這對我們就不是問題，通常只要單純的澄清，然後接受。

練習

回想一個你生命中的重要關係。反思自己對這份關係的想法、感覺、期望、意圖和觀點。現在反思你的朋友或是伴侶對跟你在一起也許會有的想法、感覺、期待、意圖和觀點。你自己所體驗的，與你推測的，兩者的

相似及不同的地方在哪裡？在這關係裡，增加相似性和減少差異性是有意義的嗎？如果是，你想要如何去達成？

反思近期（在過去一年內）以下事件。請回想當時你的想法、感覺、觀點和意圖，反思如果當初你有不同的看法，事情可能會有什麼不同的結果。

- 跟朋友（或伴侶）發生過的一次衝突。
- 跟朋友（或伴侶）距離變得疏遠的經驗。
- 跟朋友（或伴侶）一起經歷快樂的事件。
- 跟朋友（或伴侶）有過一次深入的分享。

想一下你跟父（母）親的關係，有了反思過去重要關係的知識，可以改變你對與他們關係的經驗和記憶，請你這樣做：

1. 寫一封信給父（母）親（不是要給他們看），包括你對他（她）過去的想法、感覺、期待和記憶，還有你跟他（她）的關係。
2. 寫一封你認為父（母）親會回應你的信。這信包含了父（母）親對你和你與他（她）的關係的想法、感覺、期待、意圖和記憶。
3. 寫一封你期待父（母）親會如何回應你的信。

反思你自己和你的人際關係，這可能對你來說是獨一無二，或是書中未提到的。是什麼讓你自己和你的關係如此獨一無二？關於你的人際關係，你有什麼特別的期待？挑戰？快樂的來源？在關係中，有值得讓你自豪的嗎？在如此的反思後，你在哪裡？這是你想要的嗎？如果不是，為什麼？如果不是，你想要如何計畫改變自己？

發展你的
情緒效能

　　語言治療師安瑪琍在診所任職的第二個月時，開始和職能治療師布蘭達一起消磨閒暇時間。兩人之間有不少共同點，她們都喜歡共度的午餐時光，她也希望兩人可以在週末偶爾小聚。要是布蘭達不要那麼喜歡克莉絲汀就好了！安瑪琍不喜歡克莉絲汀，認為她是個膚淺、喜怒無常又太過誇張的人。不過此時她和布蘭達也只是朋友，所以這點看來也不是那麼要緊。

　　幾個月下來，安瑪琍越來越喜歡和布蘭達相處，安瑪琍覺得和她相處很安心，兩人常共同玩樂，幫彼此克服工作挫折、和異性約會以及交換小禮物。然而兩人之間增加的不只是正向經驗與連結的情緒，挫折的情緒也同時增加了。當布蘭達對別人許下承諾，或顯得退縮、煩躁時，安瑪琍也常會覺得失望。布蘭達說起她與克莉絲汀計畫一起做什麼的時候，安瑪琍有一絲絲的嫉妒。當布蘭達忘記她的生日時，她會生氣；當她告訴布蘭達她有多煩惱姊姊離

婚一事，布蘭達卻顯得漠不關心，她也覺得受傷。

關係持續發展的結果，她們彼此的情緒越來越糾葛。真好！情緒為生活增添活力的調味，情緒給予我們思考和行動的活力。然而，關係不只製造歡樂陽光，也帶來壓力烏雲。我們喜歡一份關係的某些特質，也討厭伴隨而來的特質；我們樂於與友為伴，但也討厭分離時光。朋友對我們說的故事感興趣時固然討人歡心，但朋友顯得興趣缺缺時也夠令人討厭的了。知道某件事可以仰賴某個人讓我們欣慰，但明明是同一個人卻不能依賴他別的事情就滿討厭的。我們找到相通處固然愉悅增加，發現衝突處則壓力倍增。關係越重要，伴隨的情緒張力（不論正向或負向）也越強。如果我們逃避關係張力，往往等同於逃避重要關係，接下來自然就會發現自己身陷孤單衍生的種種情緒。

在此要先討論一個相關的名詞「心智」（mind）。心智指的是大腦中能量與訊息的流動。（此簡單明瞭的定義來自 Dan Siegel，他在許多著作例如前面提到的《人際關係與大腦的奧秘》一書中談到這個概念。）反思功能是人類心智中與訊息有關的重要成分，而情緒則代表心智的能量。記得上一章曾提到，反思功能指出心智在想**什麼**，情緒功能則是心智**如何**思考。當我們的反思功能和情緒取得平衡時，我們的關係也運作得最好。當一份特定的關係越發重要，就顯露越高的情緒張力與多樣化。這些情緒使得關係的意義逐漸浮現，關係進一步發展時自然引發溫暖與喜悅，而結束則帶來害怕與哀傷。

若要保持健康的關係，關係與情緒生活越需要緊密地編織在一起，也要編入相同分量的反思生活，因為整合反思功能才能調節情緒。穩固的、持久的、有意義的關係包含平均而平衡的、全面而運作良好的情緒與反思。本章將聚焦於我們的情緒生活，及這一心智面向的發展對維持健康的關係有多重要。

>>> 情緒

　　神經心理學家長久以來將大腦的情緒部分（例如邊緣系統）和認知部分（例如皮質）區分出來，但如今神經心理學家以及神經生理學家不再以如此簡化的語言描述大腦的複雜運作方式。現今研究支持情緒滲透在大腦的每一個細胞與神經迴路。過去我們被教導要以思考指引自己的行為，要以思考能力來尋求最佳結果，而在壓抑衝動情緒方面思考力也同樣被看重。以往我們被告知聽任情緒指引行為將導致個人誤入歧途，因此需要透過思考及其「執行者」——意志力——來限制情緒，並再次仰仗思考來選擇目標及達成的方法。但這套說法有個問題：大腦不是這麼運作的！

　　如果我們單單依賴邏輯與思考來決定生活中的重要選擇，可能催生出可怕的決定。所謂對我們「最好」的，往往不等於透過強迫性地優劣分析所得的清單首選。這種清單不盡可信的原因在於其組成的基礎是價值觀、渴望、判斷、偏好、信念、思想、情緒與歷史，而上述種種都無法以客觀的方式來定義。我們會對清單中的哪一項因素加權計分，因個人的主觀狀態而異。對我們最好的理由並非各自獨立的，而是由直覺、知覺到的感受、感官直覺與想像所衍生，而上述面向源自於大腦整合程度最高的區域，結合了反思想法與情緒之後的覺察，以及來自心、肺、膽等內臟系統的刺激（以科學術語來說就是自主神經系統的迷走神經叢）。這個根深柢固的主觀性、整合性的理解來自大腦的前扣帶皮質、腦島、海馬迴、伏膈核與杏仁核，也包含了我們與他人互動經驗的感受——尤其在理解關係的時候，透過社會互動系統和其他相關的神經心理迴路，大腦成為這些理解的基礎來源。

　　當情緒發展良好，也和反思功能、對身體所知的來源整合良好時，情緒成為我們覺知何者最好的第一線尖兵。令人愉悅的往往是最好的，令人

不悅的則不符合我們的最佳利益，但有時卻恰恰相反：短暫的愉悅導致長期的問題。曖昧的灰色地帶如此層層疊疊，令我們有時難以決定某個人是可欲或可憎，你可能對同一個人有著複雜的情緒與矛盾。情緒的面向如此之多，以至於有時某一情緒和別的情緒對立，卻又支持了另一個情緒。因此以下將情緒分組再一一檢視（尤其是那些和關係相關的情緒），並檢視這些情緒可以如何促進健康的關係。

　　情緒分為正向與負向情緒，不過當一項事件包括正向與負向情緒時，可能很難用這種截然二分的系統來看待。

》》》關係與正向情緒

　　人是社會性的生物。如今許多科學家相信人類大腦天生的目的是利他而非自利，更傾向於合作而非競爭——至少在我們覺得安全時！由於依附的部分功能在發展安全感，毫不意外地，我們對健康關係的體驗有如愛的關係，並連結到許多正向的情緒：愛情、熱情、快樂、舒適、感激、興奮與愉悅。這些情緒使我們的生命多彩多姿，反之則人生有如黑白片。它們帶來活力與動能，少了它們我們則蔫無生機且枯渴。

▍愛▍

　　簡直無法想像少了愛的健康關係會是什麼樣子。你可能認為「愛」這個字僅限於對伴侶和家人，也可能用於好朋友甚至密切合作的夥伴。考量到這個字的內涵面太過廣泛，故由以下各項元素來檢視之：

- 你重視朋友的生活與福祉的程度，一如看待自己的。

- 你深深享受與朋友共度的時光，彼此分享各種經驗與想法。
- 你很有興趣更深入了解你的朋友。
- 你會向朋友尋求安慰與支持，同樣地，當他需要時你也會提供相似的情緒支持。
- 你承諾要解決可能傷害關係的困境。
- 你們的互動是雙向的。

愛一個人時，你會想接近對方，想到他以及你們的關係就會引發溫暖與愛意。愛也和各種神經傳導物質有所關聯，包括催產素、雌激素、泌乳素、垂體後葉荷爾蒙。與他人維持愛的關係將增加你健康長壽的機率，因為免疫系統偏好於愛，更甚於孤立。

▌喜樂▌

你可能會說，當你越愛一個人，關係中的「喜樂」就越多。很難想像愛著一個人卻不喜歡跟他共處。和喜歡的人在一起時，你的大腦會分泌多巴胺，產生愉悅的感覺。藥物也可以使大腦產生多巴胺，事實上，無法從關係中經驗到愛的人，往往有較高的物質濫用與上癮（賭博、性）的風險。在老鼠的實驗發現，母老鼠寧可照護他們的孩子，也不要被施打古柯鹼，然而當幼鼠斷奶後，母老鼠選擇古柯鹼的機會就會大幅增加。

當你很喜歡一份關係時，你比較不會心存疑慮，也會將喜樂之情視為理所當然。由於熟悉與習慣會產生滿足感，你可能也察覺不到喜樂的比例正逐漸下降。你投注在關係的時間可能減少，也不再一起從事過往最喜愛的活動。喜樂感降低使你們較少共同活動，繼而導致喜樂更少。因此關係中的喜樂是要努力經營的，如同你透過運動維持身體健康。喜樂並非從天而降，至少在蜜月期結束後就不會了。你必須反思，找出你最喜歡和夥伴

消磨時光的事情是什麼,並且下定決心確保你們有時間去做。當然了,你的喜樂有一部分是來自於你能帶給伴侶喜樂(有來有往的關係存活力最佳——所有關係皆如此)。

當關係中的喜樂指數低時,你可能要優先考慮自己生活裡整體的喜樂狀態。你是否過於重視成就以至於保留太少空間給喜樂?你是否強調居家須一塵不染以給別人好印象?或是一心籌謀未來,以至於輕忽了目前生活中是否有喜樂?若如此,請反思為何籌畫生計、避開麻煩,或是為何和瓊斯夫妻並駕齊驅如此重要。你覺得只有當你成功時,你才是有價值的嗎?你願意不惜任何代價,只求避免失敗、犯錯或他人的不認可嗎?這些是否來自經濟的、心理的或關係上任何一項的匱乏?

如果你經常將喜樂的重要性拋在腦後,請再想一想,讓它在你的生活中佔有一席之地吧。在你的時間表中保留足夠的時間給喜樂,不帶目的、純粹因喜歡而參與生活。請找出能帶給你內心深處喜樂的事物,創造空間給歡愉的源頭,甚至去擴大這份歡愉。

你可能掙扎於朋友或伴侶與你對關係之喜樂程度的評比不同,可能因而引發你的不安全感、懷疑關係能否持久。以上述的安瑪琍和布蘭達為例,安瑪琍開始懷疑布蘭達對於兩人共處時光可能不像她那麼樂在其中,因此激發她對關係的各種負向情緒,包括失望、憤怒、嫉妒。

由於本書的主題是健康的關係,請也想一想如何增加人際間的喜樂。有許多正向經驗是與重要他人共享時能得到更多喜樂——旅行、看電影或音樂劇、出外用餐或探索附近公園。與一人獨享比起來,兩人分享學習、發現與成就時的喜樂往往有加乘效果。光是感受到夥伴的喜樂,就能為你的喜樂增添其他方式難以並駕齊驅的況味。

▌承諾▐

即使你珍重地滋養與伴侶關係中的喜樂，也不可能日日歡喜，此時正是「承諾」的登場時機。（有些人可能不覺得承諾是一種情緒，但它的確與關係的正向特性相關，此部分稍後再行討論。）在困苦、有點無聊、衝突與分離的時候──所有關係都會出現的現實面──由於知道無論當前有多少顛簸險阻，關係仍會持續，承諾就帶來安全感。因著知道愛並非仰賴於喜樂常駐，承諾會引領你度過人生高低起伏與好或是壞。

承諾需要你跨越當下的衝突或距離感、不和諧，記得正向的過往經驗和對未來的期望。承諾提醒你何以愛你的伴侶，讓你記得這份關係不是只有衝突。因為知道關係不可能沒有低潮與受傷感，承諾可以使你扎根於當下。承諾也提醒你，基於雙方的努力，共同度過艱困時光的你們會變得更強壯，你們的關係也是如此。

▌熱情▐

關係也可能包含「熱情」。熱情通常存在於性和浪漫之中，也可能在其他時刻湧現，例如一股強烈的愛意，或者你為一個凝視、一個手勢、一束花或乾淨的洗手臺而忽然感動時。有時與伴侶共處時，你會突然覺得自己好幸運，或因著你們兩人之間一直持續這份獨特的愛，而感受到你們兩人如此幸運。

當涉及伴侶（當然也包括你的孩子）的整體福祉時，你強烈的關心與保護可能也顯示熱情就在其中。你毫不猶豫地將伴侶的幸福置於己身之前，你也會隨著伴侶的情緒起伏，經驗到一致的情緒張力。伴侶的生活就如同你所切身經歷。這就是熱情。

▐ 感激 ▌

　　有時在未預料的狀況下，你的朋友或伴侶做了一些體貼的事，對你很
大方，或提供安慰與支持，你可能也會心懷「感激」。或者伴侶送你一份
禮物，代表了他在你們倆分離時對你的思念。或者只是覺知到不論你表現
得如何，那個人往往就在那裡等你，宛若一份天賜禮物，感激之情也會油
然而生。

　　感激是一種溫暖與舒服的情緒，顯示你察覺伴侶對你和你的生活有多
重要。當你注意到伴侶也因為有你在身邊而感激時，你可能會覺得感激更
升級。當你接收到來自伴侶的感激時，你會覺得自己就是你內心深處所自
我期許的樣子。

》》》愛與被愛：終極的相互性 ────────

　　你也許認為只要有人愛你，你就會快樂。如果你真這麼想，你可能錯
了。相對地，你也會要對方想望並接受你的愛。被愛，而沒有機會回應對
方的愛，久而久之，將使你們的關係變得不穩固。你的伴侶因為單向的、
沒有回應的愛而疲憊，而你的愛未被索求或看重、單單被愛的狀態也使得
你疲乏。那些能愛人卻對於被愛感到不自在的人，也無法自在地依賴別
人，因為知道一旦索愛並享受過被愛的滋味，日後失去關係會讓他們痛苦
不堪，他們深感脆弱。那些只想被愛卻不想愛人的人，則沒有自信自己身
上有什麼是對方想要的，而且即使他們主動愛某人，對方也會拒絕他們的
愛。他們偏好被愛，因為依賴著一份關係、被伴侶關照讓他們覺得自己彷
彿又像個孩子。

　　你可能已經注意到，某些關係裡一方扮演著父母的角色，而另一方的

角色功能比較像個孩子。一方頗自然地付出愛與表現愛，另一方則很自然
地接收愛，經過一段時日，也許過了幾年，這樣的模式彼此相安無事。偶
爾，一方會想念被愛的感覺，另一方則懷念付出愛並被接受的感覺。經年
累月之後，其中一方卻可能心生不滿。在整合累積多年新經驗與其他關係
之後，成人傾向於改變。不是甲方就是乙方——扮演父母角色者或是孩子
角色者——可能對其角色感到不滿足，轉而尋求更具相互性的對等關係。
當兩人關係中彼此都對其角色感到不足時，關係可以轉型為更具相互性。
如此一來，雙方都可以愛與被愛、付出與接受、安慰與被安慰、訴說與傾
聽。如今相互分享與輪流分配得更平均，這正是最健康關係的特性。

⟫⟫關係與負向情緒

　　每個人都想要關係中只有正向情緒，永遠沒有負向情緒。有時我們非
常努力地促成這種狀態，只允許自己看到關係中正向的一面，希望負向的
都能消退。然而，當我們忽略負向情緒時，它們仍潛伏在背景裡，一旦乍
現則張力更甚以往。更好的選擇是去敘說我們的負面情緒，了解它們，以
增進關係而非破壞關係的方式表達之。在此我要思量的是最常見的幾種負
向情緒，它們都會為健康的關係帶來挑戰。

▌羞愧感與罪惡感▌

　　多年來心理學家並不認為羞愧感與罪惡感有何不同，反而經常當成同
義詞。也難怪我們常分不清兩者有何差異，更誤解了這些重要差異對健康
關係的意涵。首先，請先分別想想這兩項：

⚫ 羞愧感

- 嬰兒／學步兒就具備的情緒，在發展上先於罪惡感。當羞愧感不大、關係也得到修復時，罪惡感就有空間得以發展。
- 羞愧來襲時，你經驗到你的自我感，即對自己是誰的整體感受。
- 羞愧帶來一種很糟糕、沒價值、無望、不值得被愛的感受。
- 只聚焦在自己，很難覺察到別人的狀態。
- 驅動你逃離「事實」；在推動撒謊、淡化事實、怪罪別人、找藉口、無法逃避時就發怒等行為上助了一臂之力。
- 你經驗到羞愧的同時，連帶出全面的、強烈的痛苦，而且有長期駐紮的傾向。為了防止上述狀況發生，你會運用策略來預防痛苦。
- 會干擾罪惡感的發展，也干擾同理的覺知，而同理正是罪惡感的核心。

⚫ 罪惡感

- 在未被全面性羞愧感所干擾時，罪惡感大約在二、三歲之間發展並略具雛形。
- 罪惡感是針對行為的情緒，與後悔、悔恨等情緒相關。
- 助長出自己的行為不對（有錯）的感受。
- 聚焦在他人以及你的行為如何影響他。
- 驅動你看見自己做了什麼、道歉並透過後續行為修復關係。
- 帶來的痛苦感比羞愧感少；當關係得到修復時會漸漸降低或消失。

長期處於羞愧將使你難以發展健康的關係，而罪惡感則能促進之。你甚至可以說罪惡感的功能是要保護關係，而羞愧感則是要保護自我。關係難免會遭遇問題、出錯、誤會與衝突。罪惡感這種情緒使你覺察到自己的

行為可能會傷害到伴侶和你們之間的關係，其痛苦比較溫和，但又足以警示你可能造成伴侶的痛苦，並驅使你去彌補自己造成的傷痛。你的罪惡感和後續新的行為會讓朋友或伴侶比較能相信，你真的對這份關係有所承諾。

相對而言，羞愧則連結到你對自己的感受，將你和伴侶、你們的關係區隔開來。羞愧之痛如此強大，以至於孩子或年輕人很快就創造出完備的防衛方式，好讓自己不必去感受羞愧。說謊多半是以羞愧為基石的行動，羞愧的力量甚至可以大到讓你欺騙自己。為了逃避羞愧的巨大痛苦，你可能拒絕承認自己所作所為已經傷害了與朋友的關係。

因此，務實的罪惡感是關係之寶物，羞愧則是重擔。當你降低了羞愧，就讓路給罪惡感發展。問題在於你要如何做到。

如果你受困於羞愧感，它很可能來自於你的童年。當你父母要讓你能分辨對錯（也就是社會化）的過程中，如果發生以下現象，那麼羞愧感很可能就過頭了：

- 管教嚴厲與過度。
- 以隔離和使你覺得被拒絕來管教。
- 父母在管教後未修復與你的關係。
- 父母習慣性地批評你的想法、情感與期望，而非針對你的行為來評價。
- 你相信是自己的錯造成你的創傷。

降低羞愧的最佳方法是反思，以下是可供思考的問題：

你童年所犯的錯誤或被管教是因為你是個壞孩子或不可愛的人？
你必須要完美嗎？
你為何要以自己的想法、情緒和期望為恥？

錯誤能提供學習的機會，或者代表你是個失敗者？

你是個好人，而且你也盡你所能了？

這樣的反思能讓你降低羞愧對你心智、想法的控制。你透過羞愧找藉口、責難朋友、淡化問題、自我欺騙，或在你們之間出現困境時不是氣自己就是氣朋友。知道你可以犯錯、從中學習、向朋友承認並改善關係讓你得到釋放。而今，犯錯後以實際的罪惡感來敘說，你能夠表達並修復關係。

當你的朋友或伴侶只討論你會困擾他們的行為、而非以羞辱你的方式，要反思並降低羞愧會更容易。也許你的行為被責難，但你仍以本然的樣子被接受。當你知道關係夠強韌、足以撐過衝突時，羞愧也會比較少。你能夠安全地討論之。

再者，對伴侶娓娓道出自己糟透了和沒價值的感覺時，若你的伴侶能夠同理地傾聽將大大有助於降低羞愧。請你的伴侶不要用「你是個好人」來安慰你，因為正處於羞愧的你可能不相信這種評論，你會不認同他所看到的你，你甚至還可能會故意把事情搞砸，以證明自己是對的。你的伴侶只要以同理認可你的羞愧就好，例如，他可以這麼說：「當你犯了錯、認為自己沒價值的時候，那種感覺一定很糟。你對自己很嚴厲，我很遺憾你如此深信自己是沒價值的人。你現在會覺得非常痛苦。請告訴我，我在聽。」當有人以同理回應你的羞愧經驗時，你會開始懷疑自己在羞愧中的自我知覺是否正確，也能開始接受你可能比自己所覺知的更有價值。

⠿ 練習

請對一件你曾體驗到羞愧的事情進行反思。寫下你對以下練習題的反應或許會很有幫助。

1. 描述羞愧的感覺、相關的想法與身體感受。
2. 反思在事件中可能是什麼引發你的羞愧？
3. 盡可能詳細地回答你做了什麼、別人怎麼說你或是你所做的事，而連結到你的羞愧。
4. 反思你行為背後的原因中，哪些和羞愧無關。
5. 區分你的行為和你對自我的感受。
6. 如果你的行為已經影響到別人，在修復關係的前提下向這個人坦承。

▎失落 ▎

　　當你認識一個人並喜歡與他共處時，他成為你生活的一部分，與你最愛的活動和興趣相連結，終究也會部分連結到你如何定義自己：「我是阿蘇的伴侶」、「我是約翰最要好的朋友」。如果另一個人是依附他者（attachment figure），你會開始向他尋求安慰與支持，依賴這個人幫你管理壓力情緒、做困難的決定。你開始分享不為人知的私密面貌，呈現個人較脆弱的那一面，尤其是因失去關係而脆弱的那一面。當你的朋友看似從關係撤退，或對方竟真的結束關係時，你會處於被拒絕或被拋棄的風險中。當某人在你腦海中與心中的分量逐漸加重，卻在此時去世或選擇結束關係，會讓你覺得獨自被棄於空虛、悲傷與絕望之中。一份健康關係所必需的深度意義感與歡樂，卻會在失去關係的同時轉而帶出深沉的沮喪與哀傷。

　　你可能會發現接受失落的事實知易行難。如果在你的依附歷史中失落（包括死亡、離婚或其他分離的形式）所佔的分量不輕，你深切體會失落的痛苦，可能導致你很難擁抱一份愛。你可能也不相信你經歷的關係可以維持長久，往往在關係還來不及發展到夠重要時，就難逃結束一途。對你過去的失落進行反思也許會有所助益。如果你爸爸過去很少花時間陪伴

你，你最初可能歸咎於你缺乏讓他愛你之處，不值得被愛是你的錯。透過反思這項天賦，你會充分了解其實是你爸爸與你媽媽、與其他親友、與所有孩子的關係都面對困境。你可能在與父親的關係中深陷於羞愧的泥淖，以至於在與朋友小小衝突、有所不同和分離時，都會掉入羞愧中。反思這樣的過程並在羞愧浮現時能夠辨識，可以幫助你克制那些感覺，並且對朋友的正向面保持開放。

　　預期關係會結束、動輒因失落而受傷，會讓你經常處在負面情緒例如焦慮、難過和憤怒的邊緣。如果你執迷於可能的失落，或經常陷入可能結束關係的事件，你將無法真正從關係中獲得享受和喜樂。習慣性地質疑關係的強度很可能會削弱它。如果太害怕失落帶來的痛苦，你甚至會避免有意義的關係。你可能假設關係不會持久，關係結束所產生不可避免的、更大的痛苦會壓倒擁有關係的短暫快樂。前面曾提及安瑪琍和布蘭達的例子裡，安瑪琍對失去關係的恐懼無疑降低了這份關係對布蘭達的吸引力，促使關係更朝向結束邁進。如果安瑪琍能反思自己的恐懼，和布蘭達談談她的看法，並相信布蘭達的回應，關係將會更穩定。

　　否認失落的痛苦並非良方，沉溺於失落也非解決之道。依附關係為我們的生活帶來深深的滿足感與喜樂，一旦失去則是生活中許多痛苦的來源。以緊緊抓住一份關係來抗拒可能的失落，或以迴避所有關係來否認失落之必然，其實都不是令人滿意的做法。前者指向早先介紹過的焦慮型依附，後者則與抗拒型依附相似。

　　中庸之道——如同佛教之取徑——是接納。接受健康關係提供的深厚意義與喜樂，同時也接受好花不常開、萬物無久常。當關係結束了，就接受痛苦——如同死亡，縱然不能全然視死如歸，至少順勢而為。**愛**與**失落**攜手同行。是的，在你尋覓並獲得愛，當你珍而重之地將你的生活建構於其上，即使你與伴侶的關係至死方渝，死亡仍會結束它，因而你仍置身於

巨大痛苦懸崖之巔。正如同要學會真正珍愛生命，必先接納死亡，真正重視愛亦須先接納失去愛。深愛伴侶意謂你有責任接受可能失去對方，而以彷彿今天是最後一天似地與伴侶共度（當然，這句話聽起來很老套，卻說得一點也沒錯）。

》》》發展中的關係

　　你和另一個人初相識時，彼此都想發掘對方在你所重視的點上是否與你相契合。如果是，關係會持續；如果不是，則你走你的陽關道，我過我的獨木橋。關係初始的頭幾週或幾個月，不確定性、誤會和差異性就會出現，而這才是剛開始呢！

　　隨著關係往前推進——這意謂著此人對你越顯重要——焦慮情緒也會隨之發展。你可能變得開始敏感於被拒絕、暗示你們差異的密碼或衝突的表情。而今你也會變得更加脆弱——關係結束時的痛苦程度也遠比初期就結束還來得大。當情緒開始緊繃，調節情緒的能力就更為必要。

　　當另一個人對你的重要性越發重要，你可能開始與不安全感為鄰，直到能確定這份關係不論好壞都在那兒。不管結束的理由為何，點頭之交的友誼不會激發不安全感，因為關係還沒有重要到值得你為它煩憂。是啊，一份關係在茁壯的同時，也推進到焦慮油然而生的位置。你有多焦慮以及你如何管理它，則受到來自過去與現在許多因素的影響。然而焦慮將一直都在，不論隱身幕後或位於臺前。我們再次沿用前述的例子，如果安瑪琍能對她和布蘭達之間的關係有點信心——不論好壞，那麼在面對關係中普遍存在的壓力時，她的情緒反應可能就不會那麼強烈。當關係從點頭之交往前推進時，焦慮就存在，一直要到關係的承諾萌生，雙方透過承諾相信

此關係的重要性高於衝突，焦慮才會減少。

▎衝突的情緒▎

　　隨著你越來越在意一份關係，當然會連結到更多不同的、複雜而高漲的情緒。在平常的一週裡，要和合作的夥伴發展關係會帶來興奮、希望、熱情、快樂、令人愉悅的期待和情感。同時，你可能隨著夥伴在你生命中所處位置的改變而覺得焦慮、難過、挫敗、生氣、羞愧與罪惡感。那麼，何以負向情緒會與正向情緒共舞？以下是幾個可能的原因：

● 被評價的經驗

　　當關係尚在發展、但承諾未及建立之時，難逃你正被評價的事實，如同你也正在評價對方。如先前曾討論過的，出於自我保護的警覺性，人在被評價時多少會變得防衛，使得你想到或在關係中互動時，會處於輕微到中等程度的緊張。「她會怎麼想我所做的事？怎麼樣最能討她歡心？那樣做錯了！她對我失望了。」這些想法使得人難以在關係中放鬆、覺得被接納、保持開放並投入與彼此的關係。

● 懷疑自己的人際關係技巧

　　在評價的背景下，分析你在關係中的功能可能會冒著一個風險，就是發現你的任何行為可能被曲解誤會，例如被當成自私、不敏感，或是缺乏某些人際關係技巧。

● 對伴侶的行為知覺為負向動機

　　隨著關係越發重要，你越可能對另一方行為的意義保持警戒。對失落的恐懼帶動負向的知覺狀態，以防對方從關係撤走時你不會覺得太受傷。

當你以負向動機解釋對方行為而導致衝突時，對關係的不安也使得關係逐漸受損。當安瑪琍因為布蘭達心情不好而煩心時，可能因為她假設布蘭達是在氣惱她而覺得挫折。

● 誤解與意見不和

　　隨著你逐漸認識另一個人，從泛泛之交升級到更深入的往來，必然會出現誤解與差異，也會對關係帶來壓力，尤其是未被察覺的誤解影響更大。若能說明誤解，可以讓人接納，理想上甚至可以解除誤會。意見差異需要被了解，才能知道是否會對關係造成威脅；衝突也同樣必須被了解與處理。要維持關係安全感，修復關係的能力（討論請見金鑰 7）將至關重要。然而，致力於修復本身往往就充滿了焦慮，可能也會帶來憤怒、羞愧或罪惡感。

● 由理想主義轉換為現實主義

　　在初認識別人的時候，人們傾向於透過夢幻的眼鏡看事情。對方的正向特質似繁花遍地，而負向特質則幾乎被視而不見，即使有也被低估了。但隨著雙腳逐漸踩著實地，你和對方都浮現懷疑。你和伴侶都要面對事實，如此一來，你知道現今關係變得比較不安定，因為你們雙方都要判定對方漸漸冒出來、較不吸引人的特質是否會影響你們的未來。

● 減少獨立

　　關係大大豐富你的生活，而你也致力深厚之，以確保關係能存續。然而，關係伴隨著你先前不須負的責任，也限制你的獨立性。要將另一個人的願望、興趣和計畫整合到你的生活將意謂著不少協商和妥協，也表示你需要放棄原本偏好的一些事。你有多樂意妥協，以及你對於可能得放棄、

減少的事有多看重，將影響你認為從關係中所獲得的是否多於所放棄的。

▎憤怒▎

憤怒可以說是另一個在發展關係時很常見的情緒，縱使不能說總是出現。你平常可能多數時候是個脾氣溫和的人，一旦處於重要的關係時，卻發現自己經常陷入憤怒之中。隨著你越在意另一方，你發現自己越常對他生氣。這是怎麼回事？一些可能的答案如下：

⦂ 控制關係的需求

憤怒往往反映著焦慮、自我懷疑和羞愧等脆弱情緒。對關係感到不安時，你預期會失去而覺得脆弱。一旦這種感覺成為常態而且變得強烈時，你很可能會試著控制你的朋友或伴侶的行為。你的安全感似乎與伴侶能否照你的期待去做緊密相關。當他表現出特定行為時，你體驗到此人在乎你、對關係有承諾；當他不那麼做時，你感到對方漠不關心、不敏感或自私，你對他可能一點也不重要。你生氣是因為好似你們有個隱藏版約定，他得展現出你認為能代表他關心與承諾的行為，若違反此約定你就會生氣。

與照顧者的關係極度不安全感的兒童容易變得非常有控制欲。他們想要事情照自己的意思做，一旦不如意往往就生氣。當他們覺得自己對父母來說不夠重要，生氣就是他們管理這種焦慮的方式，好讓他們獲得自己會被關照的安全感。若你發現自己經常為了伴侶做出你不要他做的事而生氣時，你感受到的焦慮指數大概和不安全感的孩子差不多，你的依附關係受到了威脅。

家庭暴力——在重要關係中最極端的憤怒型態——傾向於植根在害怕失去、被拒絕，以至於個人無法反思、討論並加以解決。一個人可能習慣性地感受到高度的不安全感，而且全基於自己賦予伴侶行為的意義，與對

方本身的詮釋全然無關。他的伴侶可能沒有照著他所要求的去商店拿回某樣物品，而他對此健忘事件的解讀是伴侶再也不關心他了，甚至可能是由於伴侶跟某人外出才會忘記這件事。而一切都只是因為對方忘了帶點心回家！當不安全感與後續的憤怒如此高漲時，此人很可能正掙扎於羞愧中。不論伴侶說什麼或做什麼，他總是懷疑自己對伴侶是否具有足夠的吸引力。既然懷疑自己是否值得被愛，不論伴侶做什麼保證，他也不相信愛是真實而長久的。

　　家庭暴力是憤怒與控制的極端形式，顯示兩人之間的連結，以及想控制伴侶及自己的憤怒卻不可得時底層潛伏的脆弱。最好能反思並向伴侶表達你對關係的焦慮，比較有可能成功管理你的憤怒。如果你不能看懂自己憤怒的根鬚如何延伸到你在關係裡的脆弱，那麼你將更容易從伴侶與伴侶的行為中找到支持自己生氣有理的證據。如此將使你相信伴侶必須為你的「生氣問題」負責，只要他不那樣，你就不會生氣了！

　　比較好的方式則是：

- 辨識在你的憤怒之下潛藏的不安全感。
- 向自己承認不安全感的存在，並反思過往依附關係可能如何影響它，以及相關的失落、羞愧與孤單感。
- 與伴侶討論並探索目前關係的品質，哪些可能促發你的不安感與懷疑，尋求解決方法。

　　如果你必須承認自己有「控制欲」的傾向，你或許可以想一想這是一項人格特質嗎，還是比較可能是你因應關係不安全感的方式。

難以處理衝突與差異

　　你可能是個溫和有禮的人，以至於有時會由於自己時不時地對伴侶爆

發憤怒感到困惑，甚至嚇到。這個現象透露你可能難以面對衝突與差異，於是傾向於迴避、不去想，希望它們可以就這麼自己消失。或者，你會拋出隱微的線索或暗示你對某事感到困擾，卻沒有明說到底是什麼事、對你造成什麼樣的困擾。在此情境下，雖然你不喜歡伴侶的行為是事實，但不表示你需要去控制他，而是意味著要你向他說出你的困擾讓你很不自在。

　　當伴侶某部分的行為干擾你時，能清楚明白地溝通的能力一般被視為堅定。堅定——表達出自己的願望、想法、喜好和知覺——僅只反映出你在關係中和伴侶是平等的。你不一定要聽從伴侶的意願。如果你們兩人有歧見，那麼堅定只是反映你相信差異存在的事實，以及必須以開放與平衡的態度來討論差異。你個人期望的價值應該不多不少等同於你伴侶的期望。從堅定——自在地面對與伴侶的不同，清楚而開放地說出這些不同——到整合關係中的衝突與差異還有很長的一段路要走，而奏效的前提是，你們雙方都必須能自在地表現堅定。

　　如果你難以堅定，為了要讓你私心所好能在關係中有一席之地，你第一個嘗試的做法可能是以幽微的密碼透露心中所要，並希望你的伴侶能按之行動。如果他沒這麼做，你可能在不需他主動改變偏好的前提下，藉由其他方法來達成目標。如果此路不通，你退縮被動的風險就增加了，在關係中你放棄了個人所好，甚或會為了伴侶的自私行徑勃然大怒。

　　最後必須一提的是，關係中的憤怒困擾可能也與兩性對於關係的期待不同有關。男人的偏好往往被置於女人的偏好之上，此一社會現象在歷史上比比皆是。女人應該順從男人的願望，不需理會她自己的。即使她為自己的願望發聲，也是由男人來決定以誰的意願為優先。

　　考量到上述憤怒的兩個面向——對關係不安，又難以言說衝突與差異——你可能會想這些因素是受到性別差異的影響比較大，而非你和伴侶的個人因素。假設你是男性，你想控制你的伴侶卻發現她不從你願，於是

你生氣了，這件事可能反映出你有個假設：你的願望應該比她的重要，而且她太過一意孤行了。事實上，她可能只是想開放地討論，讓你們雙方的願望都有平等探討的機會。假如你是女性，而且傾向於難以堅定地表達個人偏好，可能你假設自己願望的重要性在伴侶的之下。如果在你們的關係中出現上述兩者之一，或兩者都出現，可能你在處理差異時就難以抗拒訴諸怒火。

❏ 練習

請反思最近一次關係中讓你生氣的事件。

1. 描述你生氣的感覺，以及相關的想法、身體感受。
2. 請盡可能明確描述對方所做的什麼行為導致你的憤怒。
3. 關於對方為何如此行動，你的假設是什麼？
4. 請想想對方的行為的其他可能性。
5. 想一想，在你的憤怒之下還有什麼其他情緒（例如：難過、焦慮、羞愧、失落）。
6. 想一想，你還可以用什麼不同的方式表達你的憤怒，以便更好地處理同樣的情況，必要時能修復關係。

⫸ 情緒效能的特性

截至目前為止，本章羅列了關係中常見的正向與負向情緒，以及回應這些情緒的方法。為了使這些概念對你更有意義，請記得以下三個情緒效能的特性。

了解自己的情緒

　　這件事知易行難。過去你可能已經因著各種理由培養出未留意情緒的習慣。童年時，你父母可能傳達出某種情緒是不能被接受的訊息：生氣可能是自私的表現，恐懼可能被視為不成熟，疑慮可能象徵你的不安全感，難過可能顯示出你的弱點，驕傲永遠等同於過度自滿，喜悅可能顯得太天真，愛則等於依賴。上述說法可能還有各種變化版本。

　　如果你在小時候情緒被人以對或錯來評斷，如今你可能也會以對或錯來評斷自己的情緒。你也許無法注意到自己「不對」的情緒，你會說服自己擺脫它們；你可能因為自己有特定情緒而羞愧，因而逃避去想它，也就從未了解這個情緒在你生命中的意義是什麼。如果你慣於評斷自己的情緒，你極有可能往往不知道自己有什麼感覺，或者即使你知道你的感覺，可能也不了解它為何出現、代表的意義是什麼。感覺代表你對生活中的人、事與客體的體驗，是指涉這些生活面向之意義的密碼或線索。妄下評斷往往干擾你接收情緒試圖告訴你有關伴侶、事件或某個客體的訊息。

　　為了發展情緒效能，聰明的做法是不帶評判地接受任何情緒，並養成習慣。接受不代表你真的會順之而行，相反地，你注意它，好奇它從何而來、意義為何，並自問它是否暗示你要繼續或是改變原先計畫的行動。

　　假如你隱約覺得放鬆或不自在，明智的做法是保持對情緒的覺察，允許你的心智漫遊，看看那些浮現的情緒之一可能勾出什麼。進一步反思能釐清你的情緒何以是正向或負向，這個新的澄明狀態會引導你採取對自己最有利的行動。這種模糊的感覺有時被稱為「直覺」，其指引的效果可能比你採用理性途徑——分析、判斷哪個選擇最佳還來得更好。

溝通你的情緒

　　當你以開放而明確的態度向伴侶表達你的情緒時，為了使你的伴侶能

夠理解，你必得運用反思能力來整合情緒。然而溝通情緒知易行難，因此下一章將專門談談如何精進溝通。你的情緒也要能合乎伴侶的理解與觀點，才能避免你的假設、恐懼和疑慮受到根源於過去的經驗所影響。

　　在表達情緒時，聰明的做法是自己成為它們的主人。與其說「你讓我生氣」，不如說「我氣你的地方是……」。

　　另一個比較好的做法是，你能夠跟隨伴侶的反應來改變自己的情緒：「現在我比較了解了，我知道我的憤怒有點不成熟。」

　　更好的做法是，在你知道伴侶的觀點之前先克制某種情緒的發展：「謝謝你幫我了解，先前我不明白你為什麼要做那件事（而既然我還不明白，也就不會衝動地發脾氣）。」

　　同時，溝通情緒時想想你的意圖是什麼，也是明智的做法。是要證明他錯你對？因為你覺得受傷，所以你要傷害你的伴侶？你分享自己與伴侶相處及其行為的體驗時，是否說得夠清楚，好讓對方有機會回應？你感受到有問題時，溝通的目的是想修復關係嗎？當你對他和你們的關係感覺良好時，溝通是為了讓你們更親密嗎？傳達你對關係的感覺所帶來的效果，往往取決於你溝通的初心。

▍管理你的情緒 ▍

　　整合反思效能到你的情緒生活中，是目前為止管理情緒最有效的方法。當你能清楚覺察自己的內在世界，對伴侶的內在世界也有實際的理解時，你的情緒能扎根於當下情境中，而較少受到源自於過去的假設、疑慮和回憶的影響。反思功能為你的內在世界發聲，使你清明地辨識與表達自己的情緒。透過一起回顧來時路、你和伴侶對未來的目標與夢想，整合反思與情緒生活使你有立足點看清楚當下發生了什麼。反思你的情緒反應能預防你以全有或全無的兩極反應來經驗當前情境，並使你能控制自己對事

件的情緒性反應，從而發展出考量到大局的情緒回應。

1. 你對正向情緒覺得自在嗎？有時，出於過往的羞愧與失落，我們無法接受並享受正向情緒。如果你對接受正向情緒有所困難，或許可以反思下列問題：

   * 你對於愛一個人及被愛覺得自在嗎？或者，你寧可單方付出愛或單方接受愛，而不是雙向的？
   * 你能自在地因著伴侶為你做某件事而心懷感激嗎？或是那會讓你覺得太脆弱？
   * 你能自在地感受歡愉和熱情嗎？或者這些感覺會引發罪惡或羞愧？
   * 你能自在地感受興奮嗎？或是這會讓你覺得焦慮？

2. 你對負向情緒感到自在嗎？

   * 害怕會變成恐懼嗎？
   * 難過會導致絕望嗎？
   * 生氣會創造狂怒嗎？
   * 負向情緒會讓你覺得自己很壞或自私嗎？

金鑰 *6*

精進
溝通效能

　　為何和重要關係中的他人談話如此艱難？我們對朋友或伴侶再熟悉不過，我們有許多交集與相似的目標。既然關係中有這些優勢，不正應該成為根基，幫我們輕鬆探索彼此想法、情緒或差異與夢想？有時候是我們對於自己所思、伴侶所想的反思不夠，有時候情緒過於強烈以至於壓過反思，有時則是我們逃避特定的話題。即使在親密關係裡，有時我們逃避談的話題不勝枚舉。更有些時候我們就只是很少想到溝通，也未思及溝通對於發展、深化和維持重要關係至關緊要。

　　以下將探討有效溝通的本質、價值與挑戰，以及如何改善溝通。

⧉⧉⧉ 輪流

　　凡有效溝通必有相互性。一個人說話時，另一個人聽完再回應其所說的，第一個人聽完第二個人的回應，接著再回應他所說的。這樣「說—聽—說」或「聽—說—聽」至此算完成，除非第二個人需要再澄清、引入其他或相關主題，或是想表達不同意見。溝通要有效必須是完成的，如果一方在第一個話題未談完之前又開啟另一個話題，那麼就會讓對方無法確定理解或同意的內容。

　　這種溝通的交互模式也發生於親子間的對話，即使孩子沒說任何字眼也無礙。當嬰兒發出一個表情之後，不到 0.15 秒的時間，父母立刻回以相似的表情，而 0.15 秒之後嬰兒又回應。他們正在分享經驗，而當父母回以與嬰兒適配的相似表情時，嬰兒知道父母懂得他的意思並給予回應。父母的反應會隨著嬰兒的表情而異，而非隨便的、與嬰兒無關的反應。在嬰兒人際發展理論有卓越影響力的學者與研究者 Dan Stern 研究此模式多年，他指出適配性可表現在強度、韻律性、節拍、重音、形狀與持續性。適配性也發生在臉部表情、聲音轉換、韻律、手勢、姿勢和時機。此溝通是非語言的，然而嬰兒和父母雙方都知道彼此是投入的，對彼此是重要的，他們彼此關注，對一特定經驗分享歡樂和愉悅——不論這個經驗是因對方而歡喜，或是為了一個色彩鮮麗、會唱歌的玩具而開心。

　　曾經暴露在疏忽或不當對待的孩子——不論是身體、性、情緒或語言的虐待——往往不擅於和成人互相對話。他們通常不參與興趣和令人愉快的前語言（preverbal）交談，等他們略長大一些時也無法好好地參與口語溝通。許多孩子只聽大人說，自己是寡言鮮語的。而其他孩子則經常說話，但無法好好地聽大人的回應。有些孩子無法維持焦點，說了許多看似

不相關的事，或將大人的注意力從他想要討論的地方引開。還有的孩子對於輕鬆的主題能有相當一致的溝通，但在表達壓力事件或所犯的錯誤時則大有障礙。

成長過程中若未曾被鼓勵，許多孩子就算未曾被虐待，仍然缺乏有效溝通的習慣。「小孩子有耳無嘴」是流傳已久的俗語，因此，不少孩子向父母開放、直接、清楚而誠實地溝通時，卻被當成不敬。我們會跟孩子說，如果對我們所作所為不滿時可以說出來，但是當他們提高音量、顯露生氣的表情時，他們就有麻煩了。然而，以平靜的、友善的、放鬆的聲音說你在生氣則挺模糊曖昧又不免令人困惑。因為生氣多半不是如此表達的，看在別人眼中或許覺得虛假。當孩子向你表達憤怒時，那叫作「不敬」，但你向孩子表達憤怒則稱為「管教」，而且他們要為你的憤怒負責，這套說法對孩子來說其實是極令人困惑的。就親子關係中的憤怒表達而言，往往很少有公平可言。

另一種類型的困難是，有些大人和他人溝通時，無法在說與聽之間轉換。有些人超乎尋常地沉靜與不擅言辭，另有些人則陷入獨白，對他人所說的內容毫無興趣。

相互溝通需要開放與連結的心智狀態（先前曾討論過）。當你變得防衛，你主要的焦點都在保護自己的看法與行動計畫，無法開放地讓他人的觀點影響你。當你能保持開放與連結時，你的心智快速來回於兩個焦點，一個是你向對方敘說時自己的內在世界，另一個焦點是對方向你溝通時，你所關注的對方的內在世界。這個過程相當迅速，因為你一邊溝通，一邊仍透過關照著對方的非語言表達來覺察你造成的影響。事實上對方的非語言溝通也影響你所覺察到的、自己的內在世界，影響你正在反思的記憶。你們越了解彼此，就越能達到這種流動的、同步發生的交互影響。

▌案例▌

班和凱西曾提起傍晚一起去看電影，他們討論著下午的計畫：

班：我沒找到我們想看的電影，所以我預約了牛排屋。

凱西：我真的只想看電影就好。你可以坐下來和我一起再找找看有哪些選擇嗎？

班：那只是浪費時間。我知道現在上映的電影裡沒有我想看的。

凱西：我們先一起看看上映中的片單再決定嘛。

班：我已經為晚餐訂好位子了。

凱西：如果我們真要出去吃，我寧可不要再去牛排屋。

班：好啦！那妳來決定，決定了再告訴我妳想要怎樣。

在這個例子中，班認為溝通唯一的價值是將他的決定告知凱西。當她說想要一起決定怎麼度過下午時，他就變得防衛。

想想看，如果他們的對話像以下的版本會有多好：

班：我知道我們本來說今晚要去看電影，但是我找不到我想看的電影。妳現在有空嗎？我們可以一起看上映中的片單，看看有什麼想法？如果沒有，或者我們就只要出去吃東西就好？

凱西：我現在有空。（他們查閱當地戲院上映的電影介紹。）我同意，我也沒找到什麼想看的。你有想去什麼地方吃嗎？

班：我有點想去吃牛排屋。

凱西：不過我們那麼常去那裡，我覺得有點膩了。壽司怎麼樣？

班：義大利菜呢？

凱西：義大利菜可以喔。但是不要去第三街那家。

班：好。聽說在市政街底有家新餐廳不錯，要我去預約那家嗎？

凱西：聽起來不錯哦。

在第二個情境中，班讓凱西有機會參與決定。有時候，討論的過程中只是缺少一點點輪流的感覺。

在下面的例子中，傑克想談工作的改變，但是他不想聽艾碧的想法。

傑克：在執行我們的任務時，約翰決定要採用新的拆帳法，這實在是不公平。

艾碧：他確實曾經問我們的意見，而且……。

傑克：降價拍賣就更難增加什麼紅利了啊。

艾碧：約翰有提到這個，他說……。

傑克：他永遠有藉口啦——他說那是理由——好讓自己的日子好過一點！

艾碧：我想他想要做得公平，但是有點過頭了，他做……。

傑克：我倒是想看看，如果我們都少做一點事的話他要怎麼辦。

艾碧：我想他只是試著知道……。

傑克：為什麼妳總是站在他那邊？妳是不是私下和他有什麼交易？

在這種所謂的「溝通」中，很少出現相互交流。傑克只想要艾碧聽他的，並同意他的觀點。他對艾碧的看法沒興趣，當然也不想讓別人有影響他的餘地。這種對話一旦在某次討論中發生，極可能也會在其他時候出現——而且同樣極可能地，以後艾碧會從這份友誼中退縮。

而相互交流的溝通看起來會是這樣子的：

傑克：在執行我們的任務時，約翰決定要採用新的拆帳法，這實在是不公平。

艾碧：他確實曾經問我們的意見，而且向我們詳細分析改變之後的利

弊。你回應他要的回饋了嗎？

傑克：我才不要花那個力氣呢。我覺得那只是浪費時間……反正他已經
　　　做了決定了。

艾碧：其實他要求我跟他談談我的擔心，也做了些調整，後來我就可以
　　　接受這個計畫。

傑克：他真的聽進去，也做了調整？

艾碧：我覺得是啊。我覺得可以試試新的拆帳公式，他說兩個月後會再
　　　來檢討看看。

傑克：我想我之前沒想那麼多。我可能太在意老闆的決定會怎麼影響
　　　我，所以反而沒注意到他決定了什麼，以及他是否想要我們的意
　　　見。謝啦，艾碧。

》》說你真心想說

　　和朋友或伴侶溝通若要有效，你必須說清楚講完整。溝通不良多半發
生在你只告訴朋友一點點你要他知道的事，而認定他知道其他沒說出來
的。基於你們相處的過往，你假設對方懂你的意思。然而他認為你在講別
件事，並依據他的假設來行動。與其植基於錯誤的假設而行動，寧可先多
花幾分鐘的時間啊。

▋案例▋

　　珍有時會在下班後和同一個專案的同事蒂芬妮、瑞塔一起去酒吧。她
和蒂芬妮相似的地方比較多，喜愛她們兩人作伴的程度則是一樣的。有一
天，她為了自己的醫療問題煩惱，而蒂芬妮的姊姊以前也曾處理過同樣的

問題。她急切地想尋求建議和資訊，但又不想讓辦公室的人知道，因此上班時她問蒂芬妮可否當天下班後抽空繞去酒吧，蒂芬妮也回應她可以去。當天稍晚，蒂芬妮遇上瑞塔時，便邀她一起去。當珍看到瑞塔和蒂芬妮一起出現在酒吧時，覺得相當沮喪，因為她想談她擔心的事情，卻不想讓瑞塔知道。她什麼也沒說，心懷不滿地離開。蒂芬妮和瑞塔看到珍退縮、拒絕說出煩惱，覺得既困惑又失望。

　　如果珍告訴蒂芬妮她有些心事要單獨和她說，這樣的問題本來是可以事先避免的。珍認為既然自己沒有提到瑞塔，那麼蒂芬妮應該先問珍的意思才去邀瑞塔同行。蒂芬妮則單純地認定，既然過去總是三人一起外出，珍應該只是忘了提到瑞塔，或者珍按照慣例認為蒂芬妮會邀瑞塔一起去。如果珍曾告訴蒂芬妮她有些心事要私下和她說，或者蒂芬妮問珍是否要她去邀瑞塔，就可以輕易地避免誤會發生。

　　我們越認識朋友或伴侶，越會對他（她）的想法、感覺、要求或可能對某件事說些什麼做出假設。隨著我們的假設增加，對重要事務誤解或毫不溝通的機會也隨之增加。有時我們口頭溝通了，卻忽略非語言的溝通，終究無法有完整的溝通。

　　你可能告訴伴侶你覺得下週去看藝術節這個點子不錯，然而你只輕描淡寫地說著，如同你看到一隻有趣的鳥或你喜歡的咖啡種類時順口評論一樣。你的伴侶雖然注意到你對藝術節觀感不錯，但是因為你的態度太過漫不經心，他沒想到你有這麼想去。你如果以更生動、更興奮的方式說，他將更能了解你有多想去藝術節：「我看到下週有個藝術節的消息，看起來真的不錯呢！今年有兩三個新節目，我真的很想去看看。這可能是我們多年來看過最好看的藝術節哦！」

　　請以生動而詳盡的表達方式，清楚傳遞出你有多想去看節目。如果有疑慮，你可以加上幾句：「我查了一下天氣，週六會放晴，但是週日可能

會下雨。我想要週六去，你也想去嗎？」

》》》要你所要

　　有效溝通的另一個組成元素是清楚完整地向朋友或夥伴要你所要。人們往往假定朋友應該知道你要什麼，不必等你開口要求。如果你朋友不知道你要什麼，而你卻認為他應該知道時，你大概會氣朋友竟無法預知你未說出口的願望。

　　當你和朋友共享了許多相似情境中的相似經驗時，你自然會認定朋友應該記得對你來說重要的事務。當你不用開口，他就能為你做某些事、對你說某些話，或給你所要時，你的認定會更被強化，你更會期待他總是能顧慮到你的願望。然而，有一天你的朋友有事分心了，忘了你早期待他會做的事，於是你惱羞成怒，認為對方是自私的，或只顧著自己的小世界。你可能想，自己絕不會忘記對他而言重要的事，甚至你會想，也許你朋友不像以往那麼重視你們的關係了，更別說像你一樣重視這份關係。於是你從關係抽離一些些，藉此傳遞你受傷了或氣惱他竟然遺忘了，希望他會來道歉並改正。可惜事與願違，你的朋友若非沒注意到你的投入度不如以往，就是沒想到這個變化與他的行為或個人有關。你本來想藉著抽離來提醒朋友忘了什麼，但是他竟然沒注意到！顯然你再一次沒有明確地要你所要——亦即要你的朋友看到自己的疏漏——如同你先前根本就沒提出要求一樣。

▌案例▐

　　凱特和珍妮佛成為伴侶已有數月之久。凱特喜歡週末外出，珍妮佛則

安居於室。通常凱特會建議週六或週日外出，珍妮佛也多半同意。凱特覺察到似乎總是她在提議，因此她決定這次不要由她主動，而等著珍妮佛提議要去哪裡。她等了三個禮拜，但珍妮佛一直不說。凱特漸漸覺得煩了，她認為珍妮佛理應知道凱特週末想外出，那麼自然應該由她來提議，而非總是等著凱特提。凱特覺得過去是她自己比較想主動要求，但如今她想，珍妮佛明知凱特需要外出卻總不肯由她來說，於是凱特生氣了。凱特整個週末都在生悶氣，珍妮佛卻真的完全搞不懂她在氣什麼！凱特終於說出來的時候迸出一句：「但是妳應該早就知道的！」

　　其實凱特大可逕自繼續外出並詢問珍妮佛是否也要同行，就可以預防問題發生。如果她覺得這份關係太過於單向，好像總是她去求珍妮佛陪她去什麼地方，其實她大可直說，對話的進行方式可能如下：

凱　特：珍妮佛，我知道妳很少建議我們週末去哪裡玩，似乎總是我在要求，我開始覺得或許妳跟著我出去只是在配合我——妳其實寧可不出門，妳不過是出於義務而陪著我。妳會因為我要求而覺得左右為難嗎？妳寧可待在家裡嗎？

珍妮佛：謝謝妳問起這件事，不過我很能接受每次都由妳主動提議啊。關於我比妳更喜歡在家裡閒晃這件事，妳說對了，但是我知道外出對妳來說很重要，所以我很高興能和妳一起出門。如果偶爾我想要整個週末待在家裡，我會跟妳說的。

　　當你或伴侶多半是關係中主動的一方時，你們的關係或許有向一邊傾斜的風險。為雙方提供樂趣好像成了主動那一方的責任，非主動的一方往往會說：「我還真不在乎我們做什麼；你想做什麼我就做什麼。」表面上看起來，這種行為頗有利他精神——做你的伴侶想要的——但實際上卻會對伴侶造成負擔，因為他總是要為你們兩個人找出事情來做。此外，當雙

方都有所貢獻——包括樂趣、想法、熱情和能量時，關係才會成長茁壯。
為你自己的日程保留個位置——你會驚訝地發現，你的伴侶會感謝你這麼
做。

　　要在健康關係中保持良好的溝通，須記得以下幾點：

- 要求你想要的並不是自私。
- 當你的伴侶不知道你沒說出口的要求時，他並不是自私。
- 不說自己要什麼，形同將主動的責任置於你的伴侶身上。
- 要求自己想要的讓你有機會共同承擔這份關係。

》》非語言表達與言辭相呼應

　　如我早先一再強調的，溝通要有效必得清楚明白。曖昧模糊使誤解與
不必要的爭執風險增加。提升明晰度最好的方法之一，是讓語言與非語言
溝通保持一致。

　　當你想到比較有效的溝通時，多半不會想到非語言溝通。然而研究已
發現社會情緒溝通多半是非語言的，而非語言的。若真是如此，同時注意
你的非語言溝通方式，並讓你的口語陳述和非語言溝通一致的重要性自然
就不言可喻了。

　　一旦你開始透過簡訊、電子郵件、語音信箱來溝通，溝通的模糊性就
立刻增加，因而提高誤會的危險性。原因倒不是溝通太簡潔，更重要的是
缺乏伴隨著口語陳述的外顯非語言溝通。只要你能以清晰而一致的態度，
讓非語言表達的力量得以發揮，面對面溝通能更有效地促成清晰溝通。

　　以下呈現三個非語言溝通失敗的例子，所謂失敗指的是未能促成本書

期望讀者擁有的健康關係。

1. 你可能難以向朋友或伴侶表達憤怒，以至於你在告訴某人你對他生氣時卻笑笑地，或平靜地說著。如此可能導致對方低估你對他行為的反應強度，並且不會像你一樣地認真看待。表達憤怒時，最好運用不同文化都通用的語辭、臉部表情和聲調。雖然有些人相信憤怒的臉部表情等於不禮貌、粗魯或攻擊性，但在我的經驗中，這些只是人們自己望文生義所造成的印象而已。

2. 你為了即將到來的事件感到焦慮，但在朋友面前只是輕描淡寫，還開了玩笑好讓自己看起來輕鬆以對。你的朋友不知道你害怕，也就沒有提議陪同你一起前往或顯露任何支持的跡象。對於朋友如此漠不關心你的困擾，你感到失望——即使你在非語言的表現上是如此隱微。而既然你的朋友並不知道你需要幫忙，使得你只能獨自面對當前處境，遂更添焦慮。

3. 你完成了一項重要的計畫，正焦慮地等待結果。當伴侶問你為何看來有心事時，你隨意地回答。當你的計畫被接受時，儘管你已欣喜若狂，因為不想顯得自己在吹噓，便只是一副就事論事的樣子跟朋友提了提，隨後卻因為沒有朋友與你共享成功的快樂而失望。但事實上，你朋友的反應符合他所知覺到你自己的反應，因為你呈現出來的遠不及你真正的感受。

　　在上述三例中，曖昧溝通來自缺乏非語言表達或不一致，導致他人誤讀事件對你的重要性。若非語言和語言訊息一致，溝通會更加清楚明白。兩者不一致時，在估量溝通的意義時，人們更傾向於相信非語言表達更勝於語言表達出來的。以就事論事的聲調配上平淡的臉部表情述說我們重視的事情時，可能使我們的朋友或伴侶無法覺察這件事到底有多重要。以生

氣的表情和聲音說著你不介意某事，反而會讓你的朋友相信你在生氣，而且堅信事出必有因。

為何我們不更明確地表達非語言訊息？以下是幾個可能的理由：

- 因為非語言表達可以清楚透露你所思所感，會使你暴露更多。
- 你顯露感受別人卻不能和你共享興奮之情，甚至引來失望，使你覺得受傷。如果你表現出自豪，別人又可能認為你太自負。
- 別人對你的難過或恐懼漠不關心，甚或取笑你的軟弱時，你覺得受傷。
- 你生氣時別人卻稱之為自私，你會覺得受傷。
- 從小的教養教你要淡化自己的反應，以顯得謙虛。
- 或許你偏好隱藏自己的情緒，既然非語言溝通會比口語表達流露更多情緒，於是你避免非語言表達。

縱使在面對陌生人或認識的人時，這些反應背後的緣由有其正當性，但卻會在更深入關係脈絡這方面打了折扣。健康的關係包含分享彼此的重要理念、情緒與期望，相信你的夥伴有興趣知道、接納，並以對你們兩人最好的方式來共同參與。當你運用契合自己內在世界的非語言表達來支持自己的言語時，你將會更被了解、獲致更佳的情緒親密感。

▌練習▌

此項練習有助於你探索非語言溝通的重要性。

1. 請找兩位朋友協助你做此練習。
2. 請想出一件有趣的或幽默的故事和朋友分享，故事長度約四分鐘可講完。

3. 請你的朋友專注傾聽，你開始述說故事。

4. 請第三位參與者在 1 分 15 秒時說「停止傾聽」，此時原先聽的朋友看向地板，並且不要對你的故事有任何非語言回應。

5. 再過了 1 分 15 秒之後，第三位參與者說「再次傾聽」，聽的朋友看向你，並以非語言回應你，直到你說完這個故事。

6. 和朋友分享當他沒傾聽的時候，你述說故事的經驗如何。反思此經驗如何影響你的想法、情緒、動機，以及其他任何你所注意到的，還有對故事內容的影響。

7. 換你傾聽朋友說故事；重複上述步驟。

▶▶▶ 區分事實和經驗

　　我們之所以要將一情境的事實面與你的經驗面清楚區隔，至少有兩個理由。

　　第一，當你清楚表達自己對一件事實的經驗時，你在傳達的是事實對你的意義。你向別人表達事件對你有多重要、為何重要，於是你的朋友或伴侶才知道如何反應以吻合你所在意之處。如果你漫不經心地提到你外出購物時遇到一位老朋友（事實），卻未補充你是興奮、焦慮、難過或是被湧現的回憶淹沒，你的伴侶將不會知道此事對你的重要，也就無法呼應你的興致程度。若未談及你的經驗，你的伴侶可能會問你，而你也回答了，那麼他還是有機會了解你；但他也可能因為正在想別的事情，沒有停下來細想這件事對你是否重要而改變話題。細說你在事件的經驗，這件事的重要性自然無庸置疑。

　　第二，如果你在說自己對一個人或事的經驗時，講得好似那就是事

實，但你的朋友或伴侶卻不以為然，他們就會變得防衛或批判。例如，你告訴你的伴侶因為她不想去拜訪你媽媽讓你覺得失望，她則為了你沒有先詢問就質疑她拒絕的動機而生氣。比較好的做法是就單純地問她為何不想去看你媽媽。如果你覺得她未如實告知原因，也懷疑她並不想去，以問句詢問勝於講得好似既定事實一般。「我在想妳是不是不太喜歡去看我媽媽」的說法，會比你說「妳就是不想要去看我媽媽」激起較少的防衛。

　　你的經驗就只是你的經驗，如果你願意開放自己，基於朋友所說的重新體驗事件，你所說的話就不會製造關係中的問題。倘若你說得好似你所經驗的等於事實，將很可能引發生氣、防衛的反應。

▌練習▐

　　以下哪些句子只是在表達經驗、事實，哪些將經驗當成事實來說？

1. 「我認為你想讓你哥哥難受。」這句和你的經驗有關。
2. 「你想讓你哥哥難受。」這句則將你的經驗當成事實來說。事實上，你無法知道某人是否故意去讓他哥哥難受的。
3. 「你讓你哥哥難受。」這句是描述事實——你的哥哥難受——但未透露你對於手足動機的體會是什麼。

》》處理衝突 ─────────────────

　　麥可和南茜已同住三年，兩人的關係時好時壞，但卻都不太知道原因為何。也許他們兩人不太適合，也許其中一方對關係失去興趣了，也許對方所期待的超過自己所能付出的，或是……也許兩人都不知如何有效溝

通。好關係甚或絕佳的關係往往也會因為過與不及的溝通、扭曲的溝通而
結束。

‖案例‖

　　週日早晨，南茜為了麥可不做他分內的家務事而感到挫折。這不是第
一次了；他沒做的時候多過完成的時候。兩人處理此情況的各種不當方式
可能如下：

● 情境一

南茜：拜託你在去小鄧家喝咖啡、聊運動度過「兄弟聚會」之前，先打
　　　掃客廳、餐廳和車庫好嗎？你只要一出去就什麼都忘了，總要到
　　　出發去媽媽家之前才會和我會合。

麥可：我沒妳說的那麼差勁吧。反正我沒喝咖啡之前，什麼都做不了。
　　　我最多一小時就回來。

南茜：（皺眉，惱怒的語氣。）你總是這麼說！

麥可：（笑笑地，聲音略輕快，透露出小男孩的可愛勁。）親愛的，這
　　　次我是認真的。

南茜：哦，那就去吧。但是請你一定要說話算話，一小時內回來。（他
　　　快速擁抱一下並親親她，她笑了笑。但是在聽到車子開出車庫
　　　時，她一邊暗自發誓下不為例，一邊用力地將髒衣服丟到洗衣籃
　　　裡。麥可兩小時後回來，一直到出門前她幾乎沒和他說上話。抵
　　　達後，兩人都投入與她媽媽以及與彼此的互動，一副什麼都不曾
　　　發生的樣子。直到下次一模一樣的對話與結果再度上演之前，他
　　　們都不曾談起這個話題。）

● 情境二

南茜：（在洗衣間聽到麥可走進廚房。）早安！

麥可：（先倒一杯果汁。）我要去小鄧家一下。我會趕在去妳媽媽家之前回來完成我的工作。

南茜：好啊！可不要在那裡待太久！（在聽到車子開出車庫時，她一邊暗自發誓下不為例，一邊用力地將髒衣服丟到洗衣籃裡⋯⋯）。

● 情境三

南茜：（在洗衣間聽到麥可走進廚房，她一邊走進廚房一邊喊。）你說過會早點起床，會在去媽媽家吃中飯之前及時搞定所有的事！雖然你還有時間，但是你不可以去小鄧家！

麥可：妳也早安啊！

南茜：我是認真的，麥可！你怎麼那麼不正經！

麥可：我只是想要先喝杯咖啡！

南茜：你現在在這裡就可以喝！你有 15 分鐘的時間，接著你就要拿吸塵器開工了！

麥可：我還沒醒過來妳就找我麻煩！既然妳那麼急著要打掃，妳自己去做！

南茜：我找你麻煩是因為你總是那麼不負責任，每次都要我提醒你，你才會去做！

麥可：看妳把事情說得好像很嚴重一樣！對我來說，花點時間和我朋友相處可比把房子打掃得一塵不染重要多了！

南茜：可是對我來說不重要！

麥可：妳真是個衛生糾察隊！我現在沒有心情搞這些！

南茜：（在他走向門口時對著他嚷。）你真是幼稚！

麥可：妳又不是我媽！（摔門）

● 情境四

　　南茜在出門和朋友共進早餐及逛街之前，留了張紙條給麥可。紙條上寫著：「我和茱莉一起出去了，我會在去媽媽家之前回來。因為上週我幫你做了家事，請你在做完自己分內工作之後連我的也一起完成。打掃廚房、樓上浴室和臥室之後，記得也要洗衣服哦。待會兒見！」

　　麥可起床看到紙條後心中不悅，自顧自地去了小鄧家。南茜回家看到家務事全沒做，也逕自去她媽媽家。當天稍晚他們在晚餐時碰面了，雙方都漠視早上從對方身上所經驗到、卻未訴諸言表的憤怒情緒和想法。

　　南茜和麥可的這些例子顯示伴侶面臨問題時常用的無效溝通方法。在第一個案例中，麥可淡化衝突而南茜隨之，或許她希望透過再次示好讓麥可甘願配合她的要求。第二例中，他們都否認問題的存在，直到麥可離去而南茜再度以丟衣物宣洩她的憤怒。前兩個例子中，他們都沒有當晚處理衝突。第三例中，問題看似立刻被處理了，憤怒與防衛卻漸漸白熱化。其後憤怒可能維持數小時之久，卻未直接討論衝突。第四例中衝突是透過南茜的紙條來處理，以報復麥可上週沒做家務事，但迴避互相溝通，也使得麥可有機會以被動攻擊的行為還擊。

　　那麼如何才能針對每週家務事問題有效地處理，且最好能解決衝突？以下步驟或可成功地在第一時間避免衝突，在衝突初現端倪時就立刻處理，並有助於處理稍後浮現的更大衝突。

● 步驟一

決定什麼事情對你是重要的，以及你們雙方都需要達成的目標是什麼。要清楚設定目標及重要性，雙方做什麼也要具體明確。任何意見不同處都要被了解與接納。若歧異無法輕易解決，那麼就必須協商、妥協並發展出雙方都能舒心接受的計畫。這些早期溝通必須完整（涉及所有的議題）、具相互性（雙方都能表達自己的想法，並傾聽別人的想法）以及清楚明白（雙方都清楚自己要什麼）。

當麥可和南茜初同居時，或許曾坐下來討論以後要如何共同分擔日常家務。最好的計畫會是條條分明地寫下有哪些瑣事（此狀況下清單還是很有用的）、雙方對事務重要性的優先次序、執行的頻率、由誰做，可能也要談談何時與如何做。

如果南茜認為臥室應該一直保持乾淨，麥可卻因為獨居時家裡總是亂糟糟而一笑置之，南茜必須表明自己能否接受混亂，還是整齊清潔至關重要。如果他們對於臥室的優先次序看法不同，或許南茜可負責臥室而麥可負責清潔客廳和餐廳。如果麥可笑著說他不在乎乾淨，甚至可能一點也不會注意到屋子髒不髒，南茜得明白地表達她有多看重整潔，並強調就算麥可不看重居家整潔也要分擔家務。縱使分工再公平，如果麥可無法心服口服，他應該也要明白說出來並提出其他選擇。

● 步驟二

計畫到位並執行之後，在問題或衝突初現時便有效溝通，這點至關重要。若一方認為另一方並未做到其所承諾的，他會需要知道為何沒有做到。或許，另一方有其理由，也堅持未來會處理得更好。或許，另一方想要重新協商。不論理由為何，溝通的意圖都是為了對原始協議做必要的調

整，以達成與關係相關的目標。

　　回到南茜與麥可的例子，假設在達成最初協議的兩週後，南茜發現麥可連一次也沒有清掃客廳和餐廳。她提出她所觀察到的，並等著他解釋為何沒做家事。麥可回應他本來打算要做的，只是後來忘了，有幾次確實想起來的時候，還是將家事擱一邊而跑去做自己喜歡的事。南茜清楚表明她有多注重房屋清潔，同時也看重他分擔清潔職責。麥可了解也接受分配給自己的家務。他們探討該如何做才能確保家務完成，麥可決定在每週同一個時間做家事，好讓自己不會一拖再拖。他選在週六上午，南茜則說自己也會同時做自己分內的家務，好幫他更容易記得；這樣也讓他們可以在完成家事後安排兩個人都想做的事。

● 步驟三

　　縱然經過前置討論與解決方案，問題仍然持續的話，則仍需要再次、或許更深入地探索問題。但如今要探究的議題已不是原先的問題（即沒打掃客廳和餐廳），而是約定未被執行的事實。第二次討論之後，麥可心中對於南茜有多看重他答應清潔房間一事應當再無疑問——何況他還應承了兩次。此刻議題已轉成何以他知道其重要性，卻仍未遵守承諾。再次提醒，溝通必須完整、具相互性與明確性。

　　自從上次兩人溝通至今已有五週，雖然南茜依原本約定同時做自己的家務，麥可卻未完全遵守承諾，而只打掃房間兩次。雖然他現在待在家，他在清掃之前還是去朋友小鄧家一趟。

南茜：麥可，我想和你談談你沒有固定做家事的事情。從我們七個禮拜
　　　　前談話之後到現在，你只做過兩次。

麥可：我知道，我應該要照我所答應的多做幾次。

南茜：你上次也這麼說，麥可，這正是我不懂的地方。我很清楚地說我
多看重這件事，你也很明確地承諾你會去執行。可現在我不確定
你有多認真看待我的要求，或者你究竟是否聽懂我在意什麼，甚
至我開始懷疑你對我的承諾是不是認真的。

麥可：我們談的只是打掃客廳和餐廳而已，問題有妳說的那麼嚴重嗎？

南茜：問題不只是打掃房間而已，麥可。重點是你能不能記住我在乎的
事情，以及不論我們約定了什麼，你能不能守住對我的承諾。這
些議題對我很重要，麥可，而且我認為對我們的關係健康也很重
要。

麥可：我不知道我打掃房間對妳有那麼重要啊。

南茜：那麼我得說得更清楚一點。我看重的是，當我告訴你什麼事情重
要的時候你能夠注意聽，以及你答應我要去做我重視的事情時，
你真的會去完成它。重點已經不是打掃房間了，相信你會傾聽並
且遵守承諾才是更重要的。

麥可：這次我聽到了，真的。很抱歉我沒完成承諾，我知道下次我答應
什麼就一定要做到。說真的，從現在開始我一定會做到——我真
的會認真聽妳說，遵守對妳的承諾。我知道妳是認真對待別人的
人，我相信妳也是說到做到的人。妳值得我同樣地回應妳。我很
抱歉。

南茜：謝謝你，麥可。我真的很高興今天能把這件事情說開，你也能認
真地看待。

修補與 修復

　　健康的關係也會出問題，身處健康關係中的人也會犯錯。蜜月期結束了，你知我知，對吧？對，但問題在於當錯誤與問題逐漸暴露在朗朗乾坤下時，你如何反應？若在現實的足跡乍現時就驟下結論，認定這份關係是個錯誤並隨之遁逃而去，我們也就無從經驗到一份健康的關係。若跡象再現時，我們仍如駝鳥般視而不見，也不可能滋生出真正的安全感與關係發展。若現實被放大衍生成生活的全部，很可能我們也就看不到關係中的正向面貌。

　　世人皆喜歡聚焦於關係中美好的、舒心的、令人滿足的一面，不願過多關注於錯誤或問題面，然而若要管理或降低問題，恰恰需要正視這些問題。為了滋養出關係中最豐厚的意義，就必須面對其中令人不快的特質。總是急切地同意每一件事往往形塑出幻想中的關係，而非真正健康的關係。因此，我們必須面對困境、必要時修復關係，並在真實人性的基礎上建立健康的關係。

　　依附關係的研究者逐漸發現，安全依附嬰兒的照顧者並非一如預期地完美，或總是能立即回應嬰兒表現的需求。事實上，當照顧者越近似於強迫性地關注孩子的每一個需求，好讓孩子不會經驗挫折或不快樂時，這些孩子往往傾向於焦慮型依附。安全依附型兒童的照顧者多半是容易接近的、敏感的、有反應的，但他們同時也會犯錯，只不過他們會關照嬰兒的反應來判斷哪些行為是錯的，並據以修改自己的行為直到對為止，關係於是得到修復。[1] 依附理論相關研究者稱此為「互動式修復」，並很快地被視為促進安全依附的核心。具安全感的嬰兒知道照顧者會在犯錯之後改正，會在分離後返回，並在衝突後重新連結，因而發展出信任感。

　　是的，在你個人的依附關係中會出現錯誤，也免不了出現分離、衝突、誤解或伴侶忽視你所重視的事情等等；反之，你也會輕忽伴侶所重視的事情。在關係發展的初期，我們習於感受親密關係的正向面，忽略可能的「決裂」。或者你不想討論這些問題，因為害怕衝突會扼殺萌發中的關係。於是你說服自己：反正問題沒那麼嚴重。一旦你開始注意並且去討論問題、錯誤、差異與誤解，關係就進入更深層、更實際的階段，此時你相信問題不至於扼殺這份關係。

　　因此，犯錯吧。當然無須刻意為之──它們會在你不注意時就發生。一旦你犯錯、彼此出現差異或有誤會，請立即處理！你們的關係將得以深化，修復的每一步將使你更擅於處理未來的問題。

　　數年前，一對漸行漸遠、關係中常帶著緊張與疏離的夫妻來找我進行治療。這位男士堅決地避免任何衝突，當另一半試著討論時，他就變得退縮、被動，最後以離開收尾。每當伴侶在治療中提出討論時，終究會說出：「你說你愛我，但是我實在感覺不到。如果你愛我，你應該願意和我

---

1. E. Tronick, *The neurobehavioral and social-emotional development of infants and children* (New York: W. W. Norton, 2007).

吵！」殊不知這句話違反這位男士在與父母的依附關係中所習得的。他的父母要孩子乖乖的，乖到不只是服從聽話，而且永遠沒有反對的聲音。他認為表現愛父母的方式就等於總是同意他們、做他們要他做的事情。當他聽到伴侶聲稱爭執才能讓她感受到愛時，他簡直驚呆了。

　　本章聚焦於修復所有親密關係中不可避免的衝突。健康的關係無法白玉無瑕，在健康的關係中，伴侶接受上述的各種決裂，討論之、修補之，關係得以一再被修復。修補做得越好，關係將越發強韌。

▌案例▌

　　湯瑪斯是名成功的律師，他打造自己的律師事務所時冀望有朝一日他的兒子能與他一起共同執業。提姆了解自己成為一位律師對爸爸有多重要，在他的童年時期，他以爸爸想與他共同工作為傲。甚至小時候玩扮家家酒時，他也都是演律師。念大學時，他暑假到爸爸的公司打工，申請法學院也被接受了，一切都按計畫進展。

　　提姆在開學前的暑假和朋友一起跑到西部山區當救火員。他愛上那片土地，尤其喜歡山林與山中悠閒的生活方式。他決定留下，冬天到滑雪勝地工作，並保留法學院學籍。但是他難以向爸爸啟齒，更難以面對爸爸的反應。爸爸宣稱提姆背叛他、不知感恩、自私又不成熟。提姆在震驚中回到山區，既困惑又生氣。他一直沒有返回法學院就讀。

　　他會定期返家，主要是探視媽媽、姊妹與昔日好友。他和爸爸相處時彼此都很客氣、拘謹而生疏。他們未曾再討論他當律師一事，也不談提姆的生涯規劃，包括經營一家酒吧餐廳、在他喜愛的科羅拉多州小城教滑雪等。

　　上述湯瑪斯與提姆所遭遇的情況時有所聞。在事件轉折點之後，雙方

關係大大不如以往。這在親子與親密伴侶間都會發生。不知怎的，衝突大於關係所能涵容，因而終結了關係，或至少消滅了曾經親密無間的關係中的意義與歡樂。從某個角度來說，導致衝突的議題至少對於關係中的一方是有重大意義的。

　　在上述例子中，湯瑪斯對於事業有強烈認同，同時也深愛兒子。在他心中，他對提姆的愛很容易地連結到他對律師的熱愛。他以積極鼓勵與實際支持提姆執業作為愛的表現，也將此視為兒子回應愛的表現。他給孩子的禮物——成功執業律師的終南捷徑——代表他對兒子的愛，兒子依循爸爸安排加入事務所執業也代表孩子對他的愛。當提姆選擇改道時——在西部小鎮教滑雪、開酒吧的生活——湯瑪斯視此選擇為拒絕他，罔顧他對提姆所有的付出，他的愛未得到回應。對湯瑪斯而言，提姆的律師生涯成為父子關係的基石；而對提姆來說，選擇留在西部這個較自在的目標只是個人的生涯決定，雖然會讓爸爸失望，但與他對爸爸的愛全然無關。提姆從來沒想到選擇在西部工作竟然會引發父子關係中的嚴重問題。

　　想像一下，湯瑪斯在發現提姆打算留在西部、不回法學院讀書時，和兒子展開以下這段對話：

湯瑪斯：我曾經以為你一定會去念法律。你看來好像對於從事法律業很
　　　　　有興趣，也決意要走上這條路。我真的很期待有朝一日你成為
　　　　　律師，並且和我共事。

提　姆：我知道，爸。我也知道你有多期待我加入你的事務所。很抱歉
　　　　　讓你失望了。我想我以前從來沒經歷過今年夏天的這種生活方
　　　　　式，我覺得好自由、好快樂，我只是想再多待一陣子，看看這
　　　　　條路會走到哪裡去。我從來沒有這種感覺——就我記憶所及，
　　　　　我從未這麼有活力過！我只是覺得我一定要試試看。如果此路

不通、我想回去念法律，那麼我會順其自然。如果此刻對我而言這麼特殊的感受無法持續，我也要自己去發現。我得自己去看到結果，爸。我真的得這麼做。

湯瑪斯： 我聽到了，兒子。你說對了，我是失望。我想著我們倆能一起工作想很久了，不過那是我的夢，不是你的。既然那不是你的夢，提姆，就不會是你的。你得自己去找出來，不論你最後的決定是什麼，我都會支持你。

提　姆： 謝謝你，爸。我就知道無論如何你都會支持我的。而且，我很抱歉，至少我現在放棄法律這件事讓你受傷了。

湯瑪斯： 是啊，我是有點心痛，但是如果你不能像我一樣熱愛法律，我才是更心痛啊。你得自己找出你熱情之所在，提姆。

提　姆： 謝謝，爸。我愛你。

湯瑪斯： 我也愛你，提姆。不論你是個律師，或是森林管理員，或是酒保都無損於我對你的愛。

為使關係真正有意義與長久發展，處於關係中的當事人必須在任何衝突發生時就修復。修復衝突促使關係深化、加深價值，維持患難與共的質地。避免衝突看似能維持關係，卻犧牲了關係的深度與意義。避免衝突使關係顯得進退有節，卻流於表面化，而更近似泛泛之交或萍水相逢之人。想要獲得有意義的關係，就必須要接受衝突並投入於修復。

本章將修補與修復關係的基本要點分為幾項，請牢記。

》》決定關係是否比衝突更重要

有時候，受到當下火爆氣氛的影響，當前的衝突使我們忘了與朋友或

伴侶的關係有多重要。於是我們說出或做出傷害關係的事,其殺傷力遠比最初的衝突本身更大。若能抓住大圖像,看到此關係在我們生命中的位置,將比較能解決衝突而非讓它惡化。

　　當衝突看來比關係更重要時,或許你需要自問,你是否賦予它過多意義。如果你的伴侶不和你分享他的心事,真的就表示他不想依賴你、不重視你的意見嗎?或者可以想成你的伴侶處理困難的方式和你不一樣,他想要自己先想過一遍,才向你或其他人表達他的想法?個性或解決問題習性的差異程度,不見得能代表你的伴侶看重此關係的程度。

﹥﹥﹥記得關係的重要性

　　當你能體會到關係對你與伴侶雙方的重要性時,你才比較能記得,衝突對於維繫關係的貢獻實在不多。關係中的正向面是明確、強韌而且有其意義時,才能成為處理並解決負向面的脈絡基石。

　　關係建立的初衷——分享觀念與興趣、喜悅、熱情、歡笑,一起發展計畫與目標——一旦被遺忘或被視為理所當然,衝突會更形惡化。別忘了,關係在你的生活中佔有一席之地。若能記得關係的價值,你將會更有動力去解決任何可能的衝突。

﹥﹥﹥謹記咎責會適得其反

　　衝突潮起潮落。無論你和伴侶的關係有多堅固,你們兩人本就會有相異的觀點。如果兩人只有一種觀點,那麼此關係可能犧牲了你們原本的自

主性。兩種觀點就是兩種觀點，並非一方對，另一方就是錯。只要接受你和伴侶看事情的方式不同，而不必非要找出誰對誰錯，可以促成雙方在必要時共同討論彼此差異，而不會激發從「正確性」衍生的防衛態度。

是的，若從你與伴侶各有立場、同樣言之成理的立場出發，你們將比較能以開放與投入的態度面對衝突，而非防衛以對。若能如此，衝突將比較有機會導向對雙方都行得通的結果，而非一贏一輸的局面。在重要的關係中，即使你贏了而朋友或伴侶輸了，其實仍是雙輸。

⟩⟩⟩ 不要否認或逃避：處理衝突

你可能會想，關係是重要的，衝突則不然，所以何不忽略衝突，讓日子這麼過下去就成了？如果衝突真的沒那麼重要，例如你或伴侶起床時從不對的那一側下床，這麼說也沒錯。然而，如果衝突不會自然消失，那麼試圖忽略它所造成的傷害，會遠比處理時所產生的暫時性傷害更多。衝突出現卻未被處理的話，為了避免日常生活中危險乍現，你和伴侶傾向於迴避許多事情、話題或活動。你們將發現彼此越來越沒什麼可分享或共同參與的，你也會發現自己在兩人共處時心驚膽顫、如履薄冰，惟恐不慎被關係中的壓力事件所絆倒。

你可以自問為何傾向於逃避或否認衝突。就我所知的幾個理由是：

你可能對關係的強度與承諾程度有所不安，你惟恐關係無法承受衝突，因而逃避衝突。

你可能對於表達憤怒感到不自在，因此迴避任何可能引發憤怒的情境。當你或伴侶表達憤怒時，它可能強烈到你們其中一人說出違心

之言。你可能在怒氣沖腦時語出威脅，而將自己束縛在非預期的結果裡。

　　一旦開始處理衝突，你多半會失去方向。一件事勾起另一件事，很快地你們就會提起每一項經年累月沉積下來的差異。

　　當你想到伴侶可能會不同意你的時候，你就難以自我肯定。你不確定究竟是自我肯定還是自私。你傾向於自動化地認為伴侶想要的比你想要的更重要。

　　若你是抗拒型依附，你會傾向於降低情緒和關係在生活中的重要性，所以也不會將精力放在會觸及這些議題的情境。

⟫⟫ 不要沒完沒了地重演衝突

　　相對於否認或淡化關係中衝突的是經常窩居於衝突，一再重演，永無寧日。一如逃避衝突可能指向抗拒型依附型態，關係以衝突為主的人可能透露其為焦慮型依附型態。

　　你可能會想，為什麼自己要一再地重演衝突。以下是目前我能想到的理由：

　　　你雖能夠辨識出衝突，但衝突乍現時，你比較難充分討論並成功地解決之。針對衝突去溝通的壓力使得討論倉促結束。

　　　在你聚焦於和伴侶之間的衝突時，你可能發現原來除了衝突，兩人的關係中再無盎然生機與活力。那麼你們的任務便是去找出能產生情緒活力的其他方法。

　　　你、你的伴侶或雙方都強烈地需要證明自己是對的，而非解決衝突。

　　你、你的伴侶或雙方比較難真正傾聽他人的意見。採取防衛立場使得你難以開放地投入討論。

　　你和伴侶之間若無法在想法、感受和優先次序上達到完全共識時，你對關係會有不確定感。你難以在關係中找到安頓差異的位置。

》》謹記行為的意義不只一種

　　認定你知道行為背後的原因，通常會導向你最初預想不到的衝突。你或許堅信伴侶忘了打電話給你的約定，甚或更糟糕的，對方記得卻不想聯絡你，所以乾脆就不打電話了。你早早想好晚上一見面就要表達你的憤怒，不過在你找到機會開口之前，她先告訴你今天一整天她都在急診處陪著好友。與其說你在意她沒打電話給你，不如說生氣的原因來自你認定她沒打電話是出於負面動機。在你了解她的理由之前，何不先放掉你對她行為的情緒反應？

》》一次處理一個衝突

　　當衝突出現就去處理，不要拖到下個月或明年。若你不及時處理衝突，那還不如就這麼忘了。如果你一個月後才提出來，很可能你對於衝突的回憶飄向一方，你的伴侶的回憶則流向另一方，你們連發生了什麼事、導致事情發生的情境為何都難有足夠的共識。只要你的情緒調節到足以反思自己在煩惱什麼，也同樣能反思朋友的情緒時，最好就去處理衝突。此時你的情緒可以引導你反思事件，幫助你聚焦在當下情境。一旦時間拖太

久，你的反思可能轉向其他範疇而流於抽象，遂無法聚焦在當下的具體經驗。

當衝突出現時就處理這個衝突，而非連同其他五件衝突一起處理。一次找出幾件你惱怒伴侶的事情一起談，可能讓每件事都無法被適當地處理，加總起來反而讓你和伴侶既防衛又挫折。一次提出五項衝突只是讓你的伴侶聚焦在你最不具說服力的項目，或你最不在乎的項目，卻讓最重要的項目被忘記或未獲解決。在此同時，你的伴侶會覺得你總是對他不滿，認為永遠不可能取悅你導致的無力感，使他更心生沮喪。

》》》誰能無過：道歉就好 —————————

進入健康關係並非表示你承諾永不犯錯，永遠不能自私、不敏感或粗神經，就算一點點也不行。你是人，你和朋友或伴侶之間有時會犯錯，所以，錯既造成，承認就好，並且說抱歉。有句俗話說「愛就是永遠不必說抱歉」，我強烈反對這句話。說抱歉顯示你覺察到你傷害了或可能傷害朋友，也有心要表達後悔、願意修復關係的承諾。你的朋友對你是重要的，你確實追悔自己的所作所為，也有心不想再犯。

如果你常態性地逃避認錯——好似錯誤等同於你這個人有問題一樣，你可能正在與羞愧搏鬥。並非你做了什麼粗心的事，而是你這個人就是粗心；不是你做了什麼過於自我中心的事，而是你就是自我中心。當你為了某行為而羞愧時，你不太可能承認它，相反地，你會找理由，甚至怪朋友害了你，或淡化行為的重要性。接著如果對方沒立刻原諒你，你會因他記仇而惱羞成怒。這些行為都蘊含了強烈的羞愧元素。與其在羞愧中掩面而逃，承認自己犯錯要好得太多了。

你或許願意道歉並堅持說說錯誤言行的理由，你解釋自己是要讓朋友了解你犯錯的原因，好讓她不至於誤會你的動機，或認為你的行為有其他意涵。然而，當你需要說明理由時，在你朋友聽來可能很像是藉口。為錯誤找理由顯得你在開脫自己部分責任。因此，我的建議是：說抱歉，這樣就好。你負有責任，你的朋友必須衡量你的錯誤對於持續關係的意義何在。如果她想知道更多你在什麼狀況下犯錯的，她會問。如果你自己主動說理由，很可能會看起來像在找藉口。

▌案例▌

約翰一整天都很不好過。他遇上塞車；忘了一件工作任務，公司可能會因此失去一個客戶；他打翻咖啡弄髒了新襯衫；他好像還掉了手機。當晚回到家後，他為了珊蒂把車子停在車道上大吼大叫。他數落他們已經一週內吃剩菜三次了，而當珊蒂正在說今天遇到的有趣事情時，他打開電視看了起來。

● 情境一

珊蒂：約翰，你從進門開始到現在就一直在叨念我，現在你還忽略我。你這樣讓我越來越難過。

約翰：很抱歉，可是如果妳知道我今天過成什麼樣子，妳就不會因為我心情不好而抱怨了。今天真是諸事不順。

珊蒂：如果你什麼都不說，我怎麼會知道？

約翰：好啦，對不起。可是今天真是很糟糕的一天。我想如果妳知道了，妳會了解的。

珊蒂：你了解自己為什麼要讓我今天也過得很糟糕嗎？

　　當約翰說因為他今天工作不順所以才會對伴侶發火時，他也許是對的，但當他被珊蒂質疑時，將這兩種混為一談就不對了。因為當他這麼做時，他看似合理化自己的行為，卻將焦點從珊蒂的挫折轉向他自己的挫折。針對珊蒂的挫折回應時，他若能承認他造成她的挫折，並為自己的言行道歉，他的重點才能比較完整地被接收。他真的很抱歉，就這樣。接著後續對話的方向就交由珊蒂來決定。

● 情境二

珊蒂：約翰，你從進門開始到現在就一直在叨念我，現在你還忽略我。
　　　你這樣讓我越來越難過。

約翰：（瞪著電視五秒鐘之後關掉電視。）對不起，珊蒂。妳說得對，
　　　我今天傍晚對妳的態度不太好，我真的很抱歉。

珊蒂：我很高興聽到你這麼說。

約翰：妳可以再給我一次機會嗎？妳可以說說妳今天的工作如何嗎？

珊蒂：謝了，約翰，感謝你這麼說。但是在我說之前，可以請你告訴我
　　　你發生了什麼事嗎？你看起來真的好像有心事。

約翰：當然，甜心。我真應該一進門就告訴妳，而不是發洩到妳頭上。
　　　嗯，就幾乎是所有能出錯的事都出錯了⋯⋯

　　在這個場景中，約翰反思了一會兒之後抑止自己的防衛傾向。珊蒂肯定式的評論是正確的。認知到這一點之後，他的本能動機是要修復關係，而最佳方法似乎就是說抱歉，真心實意地。然後珊蒂接受他的道歉，並帶頭討論他行為背後的原因——而非藉口。（知道原因幫我們了解行為成因，表示他要為此負責並預防再犯。藉口則在說個人不須為行為負責。）

　　隨著你在面對各種必然出現的困難和挑戰時越來越嫻熟於修補與修復

關係，你將找到更多安全、滿足、舒適與愉悅。當你將衝突視為強化關係的機會，而非對關係持續的威脅，反而會比較少有衝突，即使衝突發生了，也可以單純地被視為關係中的必要成分。我並非建議你要擁抱甚或歡迎它，只要接受衝突並開始修補，而非聞之色變。

總而言之，謹記以下預防衝突的重要訣竅：

- 在根據你對伴侶行為意義的猜測而採取行動之前，請考慮其他可能的原因。
- 在還沒有詢問對方之前，請以保留的心態看待關於他行為意義的猜測就好。
- 以開放的態度詢問他的行為，而非以評斷式的態度。
- 當他說出行為的理由時，認真地傾聽。
- 若你對他的行為還有任何顧慮就說出來，清楚地傳達為何你對他的行為感到困擾。
- 傾聽他對於你的顧慮的反應，對他的觀點保持開放。
- 若你仍有顧慮，公開表達。記得你們有的是兩個觀點，你不一定「對」，他也不一定「錯」。
- 若差異仍持續存在，鑑於關係對你們兩人都重要，請承諾找出能滿足雙方需求的方法。

金 鑰 *8*

平
衡
自
主
與
親
密

　　自主的依附關係是所有關係中能提供最多安全感、最
大滿足感並同時促進自主與親密發展的。自主依附確保個
人向關係的索求不會過與不及,因此能提供安全感。若一
份關係必須承載你生命中大部分的意義與歡愉,那麼這份
關係終將會失敗。若你的生命中有意義的關係為數不多,
則其意義與歡愉很可能也是有限的。當你將自主的生活方
式帶入關係中,你們的關係、個人的興趣與追求都會同時
蓬勃發展,如繁花盛開。

　　因此,重要的是在生活裡創造並維持自主與親密的動
態平衡。達到此種平衡時,你將發現自己更有活力,雙方
獲得的意趣更多。你在關係與個人的意趣更形深化與豐富
之外,伴侶和親近好友的意趣也同時深化。自主與親密並
不是彼此競爭的——而能彼此支持與提升對方的價值。為
達成此平衡,以下是幾點須謹記的重要洞察。

⟫發展關係需要自主性 ──────────────

　　在本書中，我一以貫之地鼓勵你去思考個人的獨特性為何。此觀點適用於交織在你個人自傳當中的依附歷史，也包括反思與情緒的互補技巧與活動，以及整合運用於明確的非語言與語言溝通中，當然也包括發展與修復關係，而有助於其維繫。這些點點滴滴加在一起，透過日常活動、追求與夢想，展現出你個人內在世界所重視的品質。此綜合模式提高你的自主性──生動地體現出當下你之所以為你的所有元素，同時覺察著你對未來的期許。

　　自主感包括運作感（sense of agency），指的是你尋求並達成目標的能力。你不是生命的被動接收者，你是主動創造者。自主是關係本質的一部分，也會帶入你生活中的其他面。然而，若關係能決定你的行動與生命的意義，個人自主會萎縮，你所能提供給與你有所連結者的反而變少，最後關係也會隨之萎縮。

▎案例▎

　　布萊克自從大約三年前突然與小金分手後，一直在尋尋覓覓像雪莉一樣的女性。32 歲的他自分手後一直覺得空虛、生活缺乏方向感。以往他感到熱切的事情──攝影、電影和古董──如今都索然無味。但自從認識雪莉之後，這些都敗部復活了。雪莉活力四射，她對所有事情都正面以對，也享受自己所做的事。更重要的是，她事業成功、富吸引力與創造力。他還能多要求什麼？布萊克是快樂的，比他記憶中與小金交往時更快樂，甚至比和安、羅莉或珍妮交往時更快樂。

　　若要以一個詞來總結布萊克與雪莉共處時的興奮和歡愉，分離時心心

念念、度日如年地想見到她的感受，應該可以用「幸福」來代表。當然，他在瀏覽自己花了整個週末尋覓對味的戶外光線、構圖之後所拍的新照片時，也會感到幸福，卻比不上和雪莉相處時所經驗到的強烈、可靠或重要。過去十八個月以來，他一直維持每個月第一個週末只玩攝影，他期盼著這個時間到來，詳細規劃行程，檢查裝備，接下來那一週則花在研究哪些照片值得放大、裁切甚至沖洗出來。當然有時一個月不見得會有一幅作品裱框，但那不是重點。無論如何，這個月第一個週末他帶著雪莉一起在市區裡閒逛拍照。當雪莉說她很驚訝他會打電話來邀她共度週末時，他才發現自己甚至忘了這週原本是他的攝影週，她原本也以為布萊克會自己帶著相機四處蹓躂呢！

在他們交往兩個月時，雪莉提到她下個週末要去見她的家人，所以屆時兩人無法碰面。布萊克對於她沒邀他同行略感失望，不過他可以了解，可能時候未到，下次說不定她就會邀他了。但是兩週後他開始焦躁。他邀雪莉一起去看藝術展，她卻提醒那週是他的攝影週。他說自己寧願跟她在一起，她卻回答她知道攝影對他的重要，因此堅持他維持慣例。一開始，他認為這些話顯示她能敏察於他所看重的，然而他二度邀請她共度攝影週時，她再次拒絕了。她說因為本來想著他會全心投入攝影週末，所以她已安排好要和一位朋友度過週末。他覺得焦慮，接著是惱怒。為什麼她沒有先問問他？為什麼他不能自己決定週末要怎麼過？她也承認和朋友的聚會並沒有設定，他也有空了，那麼為什麼她不想和他共度週末？

布萊克開始執著於雪莉可能的動機，而他所能猜想的都不太樂觀。也許她對他不感興趣了，也許他佔有慾太高了，也許她另有對象了，也許她從來就不如他所想的那麼喜歡他，也或許她根本還不想對他許下任何承諾……。他回想起來在和小金的關係結束前，自己也有相似的疑慮，而結果也證明他的疑慮是有根據的。又來了，不是嗎？

是啊,又來了。雪莉留意到布萊克對她生氣了,但她最介意的是他的氣會累積,接著他似乎就要她保證接下來兩三週都會跟他共度週末。他越來越頻繁打電話和傳簡訊,尤其當她沒立刻回應時,他會等不及地再傳一則簡訊。這些後續簡訊中散發的挫折感表露無遺。因此雪莉開始略微撤離,真的只有略微。她告訴布萊克她喜歡兩人共處,但她也想要讓關係進展稍微慢一點點。她說,因為自己真心喜歡他,希望他也能同意她的要求。但是他似乎更失望、更挫折了,甚至不論如何都想花更多時間和她相處。於是她變得越發堅定,堅持在兩人的關係中他必須留給她足夠的自在空間。他憤怒地要求:「為什麼妳總是只關心自己要什麼!為什麼我要的就不能一樣重要?」她不知道該說什麼是好,她幾乎不認識布萊克了。或者,說不定現在她才真正認識他?她結束這段關係時淚水盈眶──哭的是她對這份關係的夢碎,而今她知道她的夢永遠不可能實現。

到底怎麼回事?布萊克的幸福感、快樂、興奮、活力感都是真實的。這些感受既強烈,又是如此令人樂在其中!而且他能感覺到兩人在一起時,雪莉也和他有同樣的感受!她具備所有他尋覓的特質!為什麼她變心了?到底怎麼了?

在認識雪莉之後,布萊克原本從攝影、古董和電影中體驗到的正向情緒全都消退了,他覺得如果沒有這份關係,他的情緒世界如同不毛之地。過去能帶給他自主感的事情,如今已全無意義,似乎唯有與雪莉的關係才是重要的。

記得嗎?在金鑰 1 那章的表格中曾提到,在童年有過安全依附的人被認為在成人時期能展現自主依附的特性。安全和自主看似兩種相對立的特質,那為什麼在此兩者會被視為一樣的特質,只是一個指向童年,另一個指向成年?原因就在於,當兒童展現安全依附的特質時,他們在各種情境

下都能獨立運作。這類兒童從其所依附的重要他人的關係中經驗到安全感，學習到依靠自己的內在資源去面對世間的挑戰和機會。有安全依附的兒童在探索世界時，既能安全地探索，也能經驗到勝任感。在和主要依附對象分離時，他們可以綻放自己的能力，同時發展自己獨特的興趣和想法。他們正在發展自主感。不同於「依附」這個詞可能引發的聯想，依附安全感並不會導致依賴，反而是參照當下情境所需與條件來融合獨立與依賴的能力。發展出此能力的兒童能在獨處時、與重要友伴關係中都經驗到深層的滿足感、意義感和樂趣。兩者並非僅能二擇一。

然而布萊克找不到這種平衡。當他身處一段可能認真的關係時，他無法像從事自主的興趣和活動時一樣維持意義感與愉悅感，他好似只能在關係早期的親密中經驗到活力、興奮、歡樂和滿足感。理想上，當初以緩慢步調認識彼此的蜜月期消退後，他應能夠在雪莉和自己對攝影及古董的興趣之間找到平衡點，並且雙邊都得到滿足。

但是，鑑於他越來越致力於控制雪莉、難以接納她的自主性，他好像無法找到此平衡點。相反地，由於他無法控制她的興趣和行為——更別提隨之而來的依賴他——他對她心生不滿。倘若雪莉漸漸變得依賴，當初吸引布萊克的特質卻會變淡，早晚他還是會厭倦她。或者，她為了保有獨立性而爭吵，他又會將此當成她沒那麼愛他的表現。不論哪一條路，他很可能都會開始找下一位伴侶。

布萊克展現出焦慮型依附的行為模式；他早早準備好為了親密關係犧牲個人的自主性。他對雪莉的情緒是強烈的，個人興趣所引發的情緒顯得較不張揚，連同整體的反思能力一起被他對雪莉的情緒淹沒了。他和她分離時無法休息，即使長年維持、曾經對他至關重要的事也無法讓他安定。

))) 維持自主性的策略 ————————

如果你發現自己會犧牲個人自主性，並強烈地關注於關係，可能顯示你具備焦慮型依附風格。如果你希望發展並維持個人自主，關鍵在於知道你是誰，以及哪些你的個人特徵是稱心如意生活的關鍵。

▎展開記錄自我之旅▎

性格評量可以幫你了解一些最重要的個人特徵。了解這些部分獨特而密密交織的模式，可幫助你更知道你的自主性從何而來。我建議你拿出筆和紙，花時間寫下你個人的特殊經驗，以及你之所以為你的特徵。以下是可供協助的清單：

⦂ 回首昔日

- 家族根源與顯著特徵。
- 當地社區與學校的獨特挑戰與機會。
- 同儕關係與你日常主要的活動，也是帶給你獨特經驗的活動。
- 特殊才華、興趣、習慣與義務：這些佔據你多少心思與心力。
- 從童年貫穿青少年時期再到成年期，一路不變的生命核心，你的願望與夢想。

⦂ 檢視今日

- 工作：意義、所需技能、所花費的時間、經濟收益。
- 愛：意義、深度、廣度、持續性、為你的生命帶來何種經驗。
- 玩樂：你優先選擇的休閒方式、效益、放鬆、創造力、正向的附帶好處。

- 維持你的生活：照顧身心（好奇與學習、運動與飲食控制、習慣——不論好壞）、由錯誤中學習、挑戰、機會。
- 大圖像：稱心如意生活的整體樣貌。

● 展望未來

- 從今日算起的十年後、二十年後、三十年後，你希望生活是什麼樣子。
- 你計畫達成的目標，以及你對計畫的信心。
- 你希望傳承給別人的是什麼；是否特別想傳承給誰。
- 你的靈性與靈魂伴侶。
- 對死亡的想法。

　　如果你能將這些特徵的答案寫在手記中，就可以擴展成為包括你過去、現在到未來的自傳。你將能看到過去與未來如何影響今日的你，而今日的你（當你充分地、覺知地活在當下時）能讓過去與未來持續生機盎然。你所寫下的值得你加以重視並傾力以赴。

▌運用手記 ▌

　　再看看你的手記中有關「你是誰」的部分，反思某一項特徵可能伴隨著什麼樣的關係，而非只是寫下此關係有何限制。將關係帶入個人自主的特徵可能豐厚之，也會使它們複雜化。如果你的伴侶也喜歡旅遊，可能會增強你對旅遊的愛好。即使她自己不喜歡旅行，卻喜歡聽你的分享——如果你旅途歸來有人可分享一路的冒險——你的樂趣還是會加倍。

　　在開始一段新關係時，請奮力維持你個人的興趣及有意義的習慣，確定你仍然保留過去你投入的時段。如此一來可以確保你不至於過度依賴對

方來決定你的喜樂，也能幫助你了解對方是否支持你維持個人興趣、對你
至關重要的獨處時間。

　　當你看重自己的自主性，你才會致力於確保其得到足夠的重視，也才
不至於在一段新關係開始時輕忽之。當你投入於凸顯你獨特之所在的事
務，以及那些讓你每天早上興致勃勃地起床、好奇滿滿地迎接正面而來的
種種時，你都有信心不會因此傷害關係。你的自主性，以及你貢獻時間精
力使其發揮的各種活動並不會損及你發展中的關係，反而可以強化關係。

　　當布萊克在與雪莉交往之初就放棄他對攝影、古董和電影的嗜好時，
雪莉有所疑慮自有其正當性。在布萊克促使她放棄他無法參與的、僅她與
親朋好友相聚的時光時，她的疑慮更形加增。雪莉之所以被他吸引，正是
因為他的獨特性（他自發的興趣和行動），然而隨著他為了她將這些事置
之一旁，他對關係所能貢獻的反而越來越少。他無意將自主感帶入關係
中，反而想為了關係將其束之高閣。雪莉明白自己不可能成為布萊克幸福
的來源，她也不想。她想要分享的是她自己的獨特之所在，也想分享他的
獨特之處。她不想將兩人的獨特面拋在一旁，只為了生活在唯關係獨大的
溫室裡。

　　在關係初期，多花時間與剛認識的朋友或潛在伴侶相處是合情合理
的，但若一切都不管不顧，眼中只看到這份關係可就不明智了。由於還不
知道關係是否能深化與持續而滋生的不安全感，初期這樣的念頭是挺具吸
引力的。不安全感也激發了往前推進的衝動，透過額外共處的時間以去除
不確定感，透過盡可能分享並一起相處以發掘此人是否為適合你的那個
人。然而，這樣的認識並非如你所想的如此可信。關係進展需要時間，也
自有其步調。它們需要時間，好讓你一次加入一項材料慢慢燉煮。

　　當你們對彼此有所承諾之後，將你的自主興趣和個人偏好撇在一旁反

而扭曲了未來景象。一旦你確定這是對的人，對方也同意並對你覺得滿意，你們反而會面臨相反的問題——將對方視為理所當然。

以調整個人自主的方式，將對方（包括其興趣、價值觀、性格、夢想等這些形塑他自主感的事物）與你個人的自主並置，可為你們彼此的生命增添色彩，而不會削弱你倆生命的核心。

》》整合關係於生命

如同在追求關係時仍保有你的自主性才睿智，維持個人自主的同時也要在生命裡為關係的發展留下一席之地。你若經驗到自己想要、能夠、也有決心在生命裡投入一健康的關係，關係就不必然會阻礙你的自主感。當你的自主性包含了發展出一致的生命故事、反思與情緒效能，以及良好的溝通技巧、建立與修復相互關係的技巧時，那麼健康的關係就有機會茁壯如繁花盛開。如果你覺得避開給與取的關係以及避免情緒的不確定性會讓你的生活比較簡單（倘若你傾向於抗拒型依附類型），記得簡單往往不等於更容易實現或更具意義。將關係整合於個人自主感能為你的人生帶來更多活力與目的。

▌案例▌

翠絲黛總是學業表現優異，她以班上前幾名的成績大學畢業，畢業後的第一份工作毫不意外地在芝加哥的一所大型公司任職。她在六個月內就被告知確定留任，兩年內就被升到部門的重要職位，七年內被賦予部門主管之責。身處三十歲大關的她不僅很享受工作，也覺得未來一片光明。

翠絲黛的精力不拘限於工作，她一直保持外型窈窕，她的節食和養生

療法如同健康雜誌的範本。她很滿足於工作之餘的閒暇時間，她喜歡旅行、音樂、藝術、滑雪和浮潛。翠絲黛精力旺盛，對朋友熱情，也有一個可能深入發展關係的對象。

　　年滿三十歲時，翠絲黛發現過往她和不少身邊的男性有過不錯的關係，然而這些關係大多只維持幾個月，少數超過一年。一般來說她是主動提出結束關係的人。以往她沒有多想，只能說在結束關係的當下她都覺得理由挺真的。

　　遇到安東尼之後，她希望這次關係能維持久一點。他看似擁有所有她喜歡的伴侶特質——平易近人、體貼、成功、帥氣、很會滑雪，又有冒險精神。她覺得，依她的年紀也該定下來了。

　　他們交往的頭幾個月看似一切順利。他們共同的興趣很多，總是可以找到兩人一起做的事。當兩人想要做的事不同時，也很懂得如何在不令對方心懷怨懟的狀況下找到妥協之道。安東尼比她更想要談談兩人的關係，如同他分享比較多自己的生命與成長過程，而她說得少。她不覺得談自己的過去有何意義。她也很難談情緒，即使說了，她會覺得既脆弱又赤裸——而這兩種情緒都是她不想要經驗到的。

　　翠絲黛和安東尼關係中的第一個難題來自他們兩人各自處理情緒的方式不同。安東尼對於翠絲黛不想分享自己在工作或家庭中的煩惱感到失望，他也覺得翠絲黛似乎不關心他的期待和夢想、擔憂與煩惱——除非他向她尋求實際的建議。他篤定她能提供實際的建議，卻沒把握她可以提供情緒支持與陪伴。

　　某個週末，安東尼說他覺得兩人的關係眼看著沒有未來，不如和別人交往看看，翠絲黛覺得受傷，繼而感到生氣。她沒有預料到他們會分手。她不知道這段關係哪裡出錯了，在她看來，他若不是在混淆視聽就是要求太多了。幾週後，翠絲黛決定她的生活沒有安東尼會比較好。她開始回想

這個人太黏人的例證，他好像會過度沉溺於過去或無能為力的事情上。沒有他，她會過得比較好。接著她就不再花那麼多心思在他身上，或至少不會比想起過去已結束的關係還多。相反地，她開始規劃未來的旅行計畫以及和朋友們出遊的活動。

翠絲黛顯示出她屬於抗拒型的依附類型。她對獨立的渴望、興趣與成就對她來說至關重要。對她而言，關係似乎不過是其獨立生活方式中的一部分，能夠讓她活得更好的一部分，或是在她從事活動或嗜好項目時能連結上的人而已。她沒啥興趣做情緒交流，或仰賴安東尼的情緒支持。她看重伴侶提供她實際的看法或支持，但既然她自己都不看重生活的情緒面了，她當然也不覺得與安東尼分享自己的情緒面有多重要。當他分享自己的情緒面時，她出於禮貌地傾聽，但往往心裡有揮之不去的害怕，怕他會變得依賴她，這是她無法容忍的。她還沒覺得他太依賴了——目前還只是擔憂——直到他結束這段關係，於是她肯定了：安東尼其實一直都是過度依賴。

相對於前述案例布萊克的焦慮型依附，翠絲黛則是抗拒型依附。在她的生活中，關係並沒有重要到居於優先，她個人獨立的興趣與追求才是她優先看重的。

》》》增加關係在生命中的意義之策略

在開始與維繫一份關係時，以下策略或許可增加其意義性。請在審視一番之後，多花幾分鐘想想是否有其他適合你的獨特特質與情境的策略。

▊描述你的自主性▊

逃避關係

倘若你為了維護個人自主性而貶低、逃避關係，你或許該想想為何你要這麼做。以下是我想到的幾個問題，你或許可以拿起紙與筆，一邊看一邊寫下你的答案。

過去的關係帶給你的傷痛多於快樂嗎？對於此狀況，你怎麼想？你是如何回應的？曾經有例外嗎？若有，你又是如何回應的？

過去在你的生命中，你曾遭遇過許多重要的關係失落嗎？若有，什麼時候？是誰？為什麼？你當時如何回應？你會依賴別的關係來讓自己度過失落經驗，或是你靠自己撐過？

你是否曾經在嘗試進入一段關係之後，發現自己變得有點依賴，雖然不喜歡卻又無法控制？對於自己有這種感覺，你怎麼想？

你會常覺得可能深交的朋友或伴侶太依賴你，讓你覺得彷彿落入陷阱或喘不過氣嗎？

你面對想法時比面對情緒自在嗎？你曾發現一份關係引發的情緒多於你想處理的程度嗎？關係傾向於製造相當多的羞愧、害怕失去、自我懷疑感、失望、憤怒嗎？

你過去曾經背負許多與關係相關的義務，使得你很難追求個人心之所向嗎？

你一直逃避關係中的衝突嗎？

你覺得自己有義務滿足朋友或伴侶的願望嗎？你討厭這些個人知覺到的義務嗎？

你覺得關係會限制你享受例行事務與活動嗎？

預防逃避

若你能從上述問題的答案了解到為何自己透過逃避關係來保有自主感，或許就能反思你是否想處理那些原因。我盼望本書的相關資訊能幫你覺察到各種可處理問題的方法。過去的關係不一定會主宰你未來的關係。透過反思過往關係，或許你能從過去痛苦的事件或是覺得窒息、受束縛的關係中看到新意義。這些新意義能提供你在未來的關係有更多選擇，從而促進你的自主感，而非削弱自主性。

專注於伴侶

請培養專注於伴侶的興趣與活動的習慣。試著盡可能深入地體驗伴侶心之所向處，好讓你能充分了解他（她）的經驗為何。如果你不習慣投入如此多的專注力在別人的生活，你可能要很有意識地去做，並檢視自己成功與否。漸漸地，在發展此習慣的過程中你會發現自己不再需要刻意去留神，你開始能理解伴侶所經驗到的意義，如同理解你自己的。而最終，你們共同生活所帶來的意義，將與反映你個人自主性的興趣所蘊含的意義一樣深刻。

辨識愉悅的活動

聚焦在那些你獨自一人做時可以為你的生活帶來放鬆、愉快、驕傲與意義的事。請反思你和伴侶還可以一起做些什麼來提供放鬆、愉快、自豪與意義。

▌發展正念▐

另一個平衡自主與關係略微不同的策略是運用正念（mindfulness）。先前我已探討過正念的性質及其在發展反思功能上的角色。隨著我們對正念認識越多，我們知道正念練習可以為許多功能範疇帶來好處，包括獲致

自主與連結的平衡。Steven Porges 的多元迷走神經理論（polyvagal theory）
支持這項說法，他主張社交互動系統所活化的神經心理歷程與正念所活化
的核心歷程相同。[1] 運用正念於自身及與我們有關的他者身上時，恰是
Dan Siegel 稱之為「第七感」（mindsight）的面向之一，而所謂第七感是指
對關係的心理覺察能力，透過從「我」到「我們」，「促使我們看見彼此
是互相連結的心流，是更大的完整系統之一。」[2] 而正念何以能促進此平
衡的原因如下。

　　首先，正念增進個人的反思功能，促使你更深入自己的內在世界，更
敏察於自己所思、所感、所看重及期望為何。此覺察在增強自主性的同
時，也幫助你更覺知如何獲得健康的關係。

　　其次，正念讓你能活在當下，看見生活各項元素的價值，而非過度偏
重某項元素。同時，當參與者都深深投入於當下時，關係更有機會茁壯。
這樣的參與使得你敏察於朋友的表情、意圖與期望，同時以調和的、相互
交流的態度回應他。你比較不會因為漫不經心或一心數用，而使得朋友誤
以為你不看重他及你們的關係。

　　第三，正念促進你維持健康依附的能力，不論此依附對象是關係、興
趣、習慣或你最喜愛的餐廳。正念並非意謂著你完全不能有依附，相反
地，它表示你不須黏著依附的對象。在正念中，你不會焦慮地執著於可能
失去關係、無法達成目標、永遠無法做某件事的念頭。你可能會難過，甚
至為失落而哀悼，但你不會因為幻想自己可以控制未來或他人而黏著某人
或某事，從而導致降低個人生命的意義。在健康關係的脈絡下，正念提醒
你：控制他人（心智、情緒和行為）無法增強關係或導致更大的滿足和愉
悅。

1. S. Porges, *The polyvagal theory* (New York: W.W. Norton, 2011).
2. Siegel, *The developing mind,* p. 58.

　　最後，你的情緒、反思、人際生活的豐厚度有賴於前額葉不同區域（更複雜的組織與更密集的神經迴路）的發展。研究顯示，有著安全依附的健康關係與正念可以促進大腦各區的生長。因此，大腦區域的成熟有兩條核心路徑，強化其中一條路徑可以支持另一條路徑的功能，維持在正念的狀態將能改善關係的健康程度。

關注於未來

　　雖說正念強調充分地活在當下，間或注意遠方的地平線（目光放遠）也自有其價值。當你想到自己未來的生活時，你希望擁有哪些主要特色？如果不可能獲得所有你想要的，你最優先想要的是什麼？與一位伴侶發展出深入的、長久的關係，以及和一位或多位親朋好友維持相似的、有意義的關係？若是，你曾經想過要做些什麼才能維持並增強此關係嗎？

　　當你想到未來時，你或許衡量過能整合關係與你個人的（甚至可能孤獨的）追求的平衡是什麼樣子。如果你的生涯（在相當競爭的大學裡擔任科學研究者）或興趣（攀登世界排名前四十名高山）讓你常常不在家，要你和不具有相同生涯或興趣的伴侶維持深入的關係實際嗎？或許真有伴侶能對於你經年累月不在家的狀況感到滿意，不過為數可能不多。

　　你可能並不想去攀許多大山，也不是從事一週工作八十小時的忙亂行業，但是運用本書探討的技巧，發展並且進入自主的依附類型，你會想要並學習過著具備持續的接納、滿足感與熱情等特性的人生——一種擁有既特別又健康的關係的人生。

最後的練習

　　為自己找一本空白筆記本，承諾你會持續寫手記，並從以下大綱開始撰寫。請依循以下大綱，或者據此修改為更適合你獨特生活的大綱。在每一篇的項目，請記錄當時真實的狀況，接著記錄你希望下次記錄時你想要事情是怎麼樣的。

今天的日期（手記的第一篇）

你的自主感

　　請列出你認為你之所以為你的三項核心興趣或活動。接著回答這些問題：

- 對於該項興趣／活動你最滿意的地方是什麼？
- 你多久從事這項興趣／活動？它怎麼會變得越來越重要？
- 你花多少時間做這件事？
- 它對你何以重要到至今仍在你生活裡佔有一席之地？
- 當你不能做這件事或做失敗時，你會多失望？

關係

　　請列出三個你生命中最重要的關係，並且詳細敘述以下與其相關的各項元素：

- 你們在一起時都做些什麼？
- 你們花多少時間在一起？
- 你們會分享什麼、聊些什麼話題？
- 你們最喜歡做什麼事？

- 你們會為什麼而爭論？避免討論什麼？
- 你最喜歡這份關係的地方是什麼？

自主性的改變

你想在下一篇手記裡寫下有關自主性的改變是什麼？請列出三項。

一般性的改變

你想在下一篇手記裡寫下一般性的改變是什麼？請列出三項。

在完成第一篇手記之後，請在第一個月、第三個月、一年、兩年和五年後分別回答上述問題。

閱讀所有手記：回顧你的答案，並比較這幾篇手記的答案。請留意你是否成功地朝向在生活中發展並維持健康的關係前進。如果改變不盡如人意，請對自己有耐心，以好玩、接納、好奇與同理對待自己。如果你能在關係中以此態度對待自己，也比較能夠以相似的態度對待關係中的他人。

國家圖書館出版品預行編目（CIP）資料

關係密碼：打造依附關係的八把金鑰／Daniel A.
Hughes著；黃素娟，張碧琴譯. --初版.--
新北市：心理, 2018. 1
　面；　公分.--（心理治療系列；22163）
譯自：8 keys to building your best relationships
ISBN 978-986-191-805-1（平裝）

1. 依附行為　2. 人際關係

177.3　　　　　　　　　　　　　　106023584

心理治療系列 22163

關係密碼：打造依附關係的八把金鑰

作　　者：Daniel A. Hughes
譯　　者：黃素娟、張碧琴
執行編輯：林汝穎
總 編 輯：林敬堯
發 行 人：洪有義
出 版 者：心理出版社股份有限公司
地　　址：231新北市新店區光明街288號7樓
電　　話：(02) 29150566
傳　　真：(02) 29152928
郵撥帳號：19293172 心理出版社股份有限公司
網　　址：http://www.psy.com.tw
電子信箱：psychoco@ms15.hinet.net
駐美代表：Lisa Wu（lisawu99@optonline.net）
排 版 者：菩薩蠻數位文化有限公司
印 刷 者：辰皓國際出版製作有限公司
初版一刷：2018 年 1 月
I S B N：978-986-191-805-1
定　　價：新台幣 200 元